w

Petros Rottwinkel

Leben in Griechenland

Vom Glück einen Olivenbaum anzuschauen
Η ευτυχια να κοιτα ενα ελαιοδεντρο

Geschichten aus Limenaria
Ιστοριες απο τα Λιμεναρια

Wiesenburg Verlag

Bibliographische Information Der Deutschen Nationalbibliothek:

Die Deutsche Nationalbibliothek verzeichnet diese Publikation
in der Deutschen Nationalbibliographie;
detaillierte bibliographische Daten sind im Internet
über http://dnb.ddb.de abrufbar.

2. Auflage 2010
Wiesenburg Verlag
Postfach 4410 · 97412 Schweinfurt
www.wiesenburgverlag.de

Alle Rechte beim Verlag

Umschlaggestaltung + Layout:
Media-Print-Service · 97456 Dittelbrunn

© Wiesenburg Verlag

ISBN 978-3-940756-52-7

Inhaltsverzeichnis

Bittere Oliven 9
Πικρες ελιες

Kalyvia 35
Καλυβια

Die Schafe des Peter Gerassimo 45
Τα προβατα του Πατερα Γερασσιμου

Haus, Garten und Nachbarn 49
Το σπιτι, ο κηπος και οι Γειτονες

Das Brückchen von Kalyvia 71
Η γεφυρουλα των Καλυβιων

Am Lakkos 73
Στο Λακκος

Über Kastron nach Ligia 77
Μεσο Καστρον προς Λιγια

Paparounes und Zistrosen 87
Παπαρουνες και λανδανια

Die Bienenweiden des Aristotelis Papamichail 91
Τα βοσκηματα του μελισσιου τοθ Αρις Παπαμιχαιλις

Ziegen und Schafe 95
Κατσικια και προβατα

Platanen 99
Πλατανια

Panos Fotiadis 103
Πανος Φοτιαδις

Nachwort 107

Vorwort

Meine Arbeit in den Olivenhainen von Limenaria beschrieb einmal der Journalist Bernd Matthes im Berliner Tagesspiegel und gab dem Artikel die Überschrift »Vom Glück einen Olivenbaum anzuschauen«.
Diese Überschrift soll nun auch meine kleinen Geschichten aus Limenaria betiteln und entspricht immer noch, nach so vielen Jahren der mühevollen Arbeit an den Bäumen mit den Oliven und ihrem köstlichen Öl, meiner bis heute unveränderten glücklichen Stimmungslage.

Wenn ich vor meiner Kalyva im Ölhain von Ligia sitzend auf die Ölbäume schaue, werde ich an die Worte von van Gogh erinnert.
Wie viel Ehrfurcht vor einem Geschöpf der Natur muss er gehabt haben, die soviel Respekt einflößt, dass sich ihm beim Skizzieren der Olivenbäume die Hände verweigerten. Wie groß mag die Ehrfurcht vor so viel blendender Schönheit gewesen sein, als er am 29. April 1889 an seinen Bruder Theo schrieb:

»Ach, mein lieber Theo, wenn Du die Olivenbäume in dieser Jahreszeit sehen würdest. Die Blätter schimmern vor dem Himmel altsilbern und silbrig-grünlich. Und das Erdreich orangefarben. Das ist ganz anders, als man es sich im Norden vorstellt. Es ist nicht wie die ausgelichteten Weiden auf unseren holländischen Wiesen, oder die Straucheichen auf unseren Dünen. Das Rauschen eines Olivenhains hat etwas Vertrautes, unglaublich Altes. Es ist zu schön, als dass ich es malen, oder nur auch daran denken könnte es zu malen.«

Es ist nun Mai, und die Bäume sind mit Abertausenden gelblichweißen Blüten übersät. Wie eine Braut, eine Nyphi, im göttlichen Hochzeitskleid stehen die Ölbäume vor mir in der rotbrauen Erde. Ein Bühnenbild der Natur. Himmel, Berge, grünes Tal und die Erde illuminiert im ägäischen Licht.

> *»Seht nur das Licht auf den Bäumen, es funkelt wie ein Diamant. Es schimmert rosa und blau ... und der Himmel, der hindurchscheint, macht einen schier verrückt«,*

schrieb einmal der Maler Auguste Renoir.

Das zähe immergrüne Blattwerk und die Blütenpracht des Olivenbaums haben schon vor Sophokles die Poeten zum Träumen gebracht, und wie viele andere bis zum heutigen Tag, so hat auch - wie zuvor Jean Giono - der griechische Dichter Odysséas Elythis dem Baum in Versen Unsterblichkeit verliehen.

Meine Liebeserklärung an den Ölbaum sollen diese Aufzeichnungen sein. Meine Geschichten aus meinem Heimatdorf Limenaria.

Ich möchte damit meine Dankbarkeit dafür ausdrücken, dass das Schicksal mich nach Griechenland, nach Makedonien und auf die Insel Thasos geführt hat.

Diese Aufzeichnungen sind meiner Enkelin Derya gewidmet. Als Großvater, Pappous und Büyükbaba wünsche ich mir, dass sie einmal genauso glücklich vor einer Kalyva in einem Olivenhain sitzen kann, in einer Welt ohne Grenzen, in einer Welt der Liebe, Harmonie und Toleranz.

Kalyvia, Sommer 2008

Bittere Oliven
Πικρες ελιες

Das war, anders als für gewöhnlich, keiner der glücklichen Tage in den Olivenhainen. Die Arbeit wurde diesmal nicht begleitet vom Tremolo musizierender Nachtigallen, und es fehlte heute auch das beglückende ägäische Licht, das nach dem morgendlichen Öffnen der Fenster sofort Körper und Seele durchflutet. Nein, es war ein tobender Erntetag im November am Tag des Hl. Matthäus des Evangelisten, der wohl gerade das Jüngste Gericht zusammenrief. Uns schien, dass uns die brausenden Windböen wie die apokalyptischen Reiter von den fünf Meter hohen eisernen Stegleitern pusten wollten. Dazwischen in kurzen Intervallen peitschende Regenschauer, die das Nass in den Halskragen schütteten.

Der Tag hatte ohnehin nicht harmonisch begonnen, blieb doch in aller Herrgottsfrühe um halb sechs der Strom aus. Den wärmenden Bergtee konnten wir auf dem kleinen Gaskocher zubereiten, aber die wohlige Wärme, die man braucht, wenn man die müden Knochen aus dem Bett pellt, fehlte uns.
Das Unvermeidliche ließ sich schon mit Würde ertragen, zumal wir dann sofort unsere ein wenig steifen Körper mit einzelnen Textilien im Zwiebelverfahren Schicht für Schicht einpackten. Am Abend wurde bereits das Tagesmenu, bestehend aus Keftédes nach Smyrni-Art in Tomatensoße, Schafskäse, grünen und schwarzen Oliven, Tomaten und hartgekochten Eiern, in Weidenkörbe eingepackt und mit Küchentüchern abgedeckt. Das frische Brot, dessen Geruch uns nach dem Öffnen der Fenster um die Nase wehte, kauften wir auf dem Weg in den Hain von Skepasto-Ligiá bei Vassilis, unserem Dorfbäcker. Aus der Bakkstube roch es nach frischen Tsureiki und Psomákia. Zu Recht durfte sich früher in Griechenland eine Gemeinde ohne Bäcker nicht als Dorf bezeichnen. Ein Dorf ohne Bäcker ist wie eine Fassoláda - eine Suppe mit dicken Bohnen - ohne Olivenöl.

Nach einer halben Stunde Fahrt über die felsigen und steinigen Pfade erreichten wir den Olivenhain von Ligiá. Nach der Ankunft, wie immer gegen halb acht, legten wir mit noch schwerfälligen Bewegungen die Leitern an den ersten Baum, obwohl sich das Wetter keineswegs beruhigt hatte. Es sind gerade die ersten Minuten an so einem unruhigen Erntetag, in denen man ganz ungeniert behauptet, als Olivenbauer den schwersten Beruf in der Welt gewählt zu haben. Nur Kabeljau-Fischer in stürmischer See vor Island oder Bergleute unter Tage in schlecht gesicherten Gruben sind bedauernswerter und dürften es schlimmer getroffen haben. Das Wetter beruhigte sich etwas, der Regen hörte auf. Wir entschieden uns, die Gipfel der Ölbäume über unsere Leitern zu besteigen - im Kopf die von alters her überbrachten Ernteregel: von oben nach unten und von innen nach außen. Diese Regel gilt auch für den Baumschnitt im Frühjahr.

Nun stürzte das nächste Umglück über uns herein: die Ziegen. Kaum hatten wir die Leiterspitzen erreicht, stürzten sich die Ziegen wie die Horden Alarichs, die schon einmal Thrakien und Makedonien zerstört hatten, auf die ersten herabgefallenen Oliven, die auf den bereits am Vortag unter den Bäumen ausgelegten Netzen lagen. Nur wilde hysterische Schreie, oben von der Leiter ausgestoßen, veranlassen sie, ihre Gefräßigkeit für einen Moment zu unterbrechen. Ein Absteigen ist ohnehin zwecklos, entfernen sie sich doch zunächst nur vier bis fünf Meter, um dann mit ihrem abwartenden klugen Blick – kaum hätte man wieder die oberste Leitersprosse erreicht – erneut unerschrocken die drapierte Bühne zu betreten.

Eigentlich wird seit Jahren von der Gemeindeverwaltung verfügt, dass die Hirten während der Erntezeit Schafe und Ziegen in den Mandries einzusperren haben. Diese Bekanntmachung hängt schon zwei Wochen für jeden gut sichtbar an den Eingangstüren der Ouzerien und Kafeníons, den Zweigstellen der Gemeindeverwaltung also. Aber wir leben nun einmal in einem Dorf in Griechenland und begegnen einander mit Großmut und Rücksicht, denn wer würde Angelo oder Kyriáko verpfeifen, einen Bekannten, einen Freund oder sogar einen Verwandten, einen Menschen aus der Ouzo-Paréa oder sogar einen Cousin sechsten Grades.

Das Wetter entwickelte sich plötzlich wieder wie zu einem biblischen Strafgericht, es tobte. Wir schauten mit einigem Unverständnis zum Himmel, hatten wir uns doch in den letzten Wochen nichts zuschulden kommen lassen. Vielleicht hätten wir uns – wie Fußballer vor dem Betreten des Spielfelds – bekreuzigen müssen. Ein Grund könnte es aber auch sein, dass der Herrgott Missfallen am Erfolg der KKE äußerte, der Kommunistischen Partei Griechenlands, die in der letzen Woche bei den Kommunalwahlen mit 13,5% erhebliche Stimmenzuwächse zu verzeichnen hatte. Bei dem Gedanken trieb es mir die wärmende Röte auf die Wangen.

An eine Ernte war in diesem Augenblick nicht zu denken, zumal beim Abstreifen der Oliven von den Zweigen das Tagwasser in die Armbünde und Kragen floss und Hemden und Pullover unter der wattierten Weste immer schwerer werden ließ. Ohnehin lehren uns die Regeln der Alten, dass man es tunlichst vermeiden soll, von tropfnassen Olivenbäumen zu ernten, weiß man doch, dass, seit die Phönizier die Ölbäume nach Griechenland brachten, um diese hier zu veredeln, ein solcher Frevel im nächsten Jahr mit der Fruchtlosigkeit der Bäume bestraft wird.

Erfolglos wollten wir jedoch nicht in unser Dorf zurückkehren, und unser albanischer Freund, der ruhige und besonnene Ardián, der uns auch in diesem Jahr bei der Ernte half, sollte schließlich seinen vollen Imerokámmato, den ihm zustehenden Tagelohn, bekommen. Auf diesen hatte er ohnehin ein Anrecht, hatten wir doch bereits mit der Anfahrt die zweite Arbeitsstunde überschritten.
Also mussten wir ausharren und auf das Ende des Regens warten, aber ganz wichtig war für uns der Wind, der das Nass von den Zweigen und dem Blattwerk föhnen sollte. Wir rollten die

Planen ein, legten das Erntewerkzeug zusammen und deckten die hölzerne selbstgebaute Lichnístra, eine Leistenschütte, die die Oliven vom losen Blattwerk trennt, mit einer Plane ab.

Lautstark riefen wir zu unseren Nachbarn Anastásios, genannt Tásso, und Déspina hinüber, die auch die Ernte unterbrechen mussten, und baten sie zu uns in die Kalýva zu einem wärmenden Tee.

Unsere Kalýva, ein kleines verputztes Steinhaus, das jährlich vor der österlichen Zeit mit Asvesti, mit ungelöschtem Kalk, schneeweiß gestrichen wird und mit grauen Granitschiefer-Plakes eingedeckt ist, liegt inmitten des Ölhains von Ligiá und gibt uns Sicherheit und Geborgenheit vor den Launen des Wetters und der Ziegen. Wir haben das kleine Areal mit einem schützenden Zaun umgeben, dessen Pfähle aus Kastanienholz nach Jahren langsam zu wackeln anfangen und dem angebauten Wein und den Kräutern nicht mehr lange Sicherheit bieten werden, wenn nicht regelmäßig mit Material aus der Umgebung nachgearbeitet wird.

Draußen hinter dem Zaun glotzen uns abwartend die Ziegen mit ihren schlauen Augen an. Ponirós, schlau und verwegen also, wie eben meine griechischen „Landsleute" sind, vielleicht zudem listig, aber niemals tückisch und boshaft, wie »ponirós« im Lexikon auch übersetzt wird, was eine Verbalinjurie für Ziege und Mensch bedeuten würde.

Zum Fressen gern hätten sie das in unserem Garten auszumachende erbauliche und gut verdauliche, aber unerreichbare Grünzeug gehabt. Unsere Rebstöcke, die Olivenjungbäume, Ginstersträucher und Feigenbäume, wilde Minze, Bergminze, Thymian, Rosmarin, Oregano in dichten Beeten, alte Gallica-Rosen, Teerosensträucher und meterhohe, aber schon lange verblühte rote und rosa Malvenstauden. Nach den Monaten der Dürre sogen die Pflanzen wie dicke Löschblätter den Regen auf und sollten bald so wie das Herbstgras in kräftigem satten Grün stehen.

Wie eine Oase, wie ein farbenfroh gewobener Kelim steht unser kleines Anwesen im Olivenhain von Skepastó-Ligia, inmitten Tausender Olivenbäume, deren zerfurchte Stämme im ocker- bis sepiaroten Boden stehen. Zweihundert Meter weiter in der Schlucht rauscht der Lakkos, der Fluss, der mit dem Ansteigen des Wassers immer lauter, tosender und reißender aus den nahen Bergen fließt.

Ich habe den Fluss bereits im Sommer kennengelernt, trocken, als ich auf dem überhängenden Ast einer Platane sitzend aus über drei Metern Höhe rückwärts und auf den Rücken in das steinige Flussbett stürzte. Einen Ast wollte ich absägen, der einen nahen Olivenbaum sehr stark beschattete. Als ich mit großen Schmerzen nach einer mir unbekannten Weile die Augen öffnete, schauten mich aus einem Abstand von nur wenigen Zentimetern große Ziegenaugen an. Diese bukolische Gottheit beschützte mich wohl während meines Schlafs, vielleicht verdanke ich ihr auch mein Leben?

Eine Weile danach dachte ich an Eupolis, einen Zeitgenossen Aristophanes', der die Komödie „Die Ziegen" schrieb, die uns nicht erhalten geblieben ist. Es ist jedoch überliefert, dass in ihr das ruhige Leben einer Ziegenherde dem hektischen Stadtleben gegenübergestellt wurde. Vor zweieinhalbtausend Jahren gab das Stück der bukolischen Welt der Ziegenhirten den Vorzug vor dem städtischen perikleischen Alltag. »Auf den Menschen wartet die Zeit nicht, aber für Ziegen steht sie still.«

Der Raum der Kalyva, unserer Hütte, wird bestimmt durch zwei Betten, die mit sehr schweren farbigen und handgewobenen thassitischen Decken bedeckt sind, die Déspinas Mutter in den fünfziger Jahren noch selbst mit naturgefärbter Wolle wob. In der Küche in Déspinas Haus in Limenaria hängt ein

Bild von ihrer Mutter Elisabeth, am selbstgebauten Webstuhl sitzend.

Neben den beiden dominierenden Schlafgestellen steht in der Kalyva ein Holztisch mit gedrechselten Beinen und einer stabilen Hartholzplatte. Neben den Betten und dem Tisch sind so viele Stühle vorhanden, wie man benötigt, um immer eine ausreichend große Paréa unter dem Holzdach einladen zu können.
Die Paréa ist eine Lebensphilosophie, für einen Europäer – also Nichtgriechen – eine nicht so ausgeprägte Lebensweise. Warum sich Griechen als Nichteuropäer bezeichnen, bedarf einer Erklärung an anderer Stelle. Aber bleiben wir bei der Paréa. Sie kann schon im Sandkasten, im Kindergarten oder in der Grundschule beginnen und endet durchaus erst mit dem Tod.
Zu einer Paréa gehören der beste Freund, weitere Freunde, die Kumpels, die Kommilitonen. Eine Gemeinschaft, mit der man Stunden zusammen verbringt, isst, trinkt, singt, tanzt und fröhlich oder chaotisch ist. Eine Clique, die man braucht, wenn man feiert, trauert oder tröstet. Kumpane und Kameraden, denen man sich öffnet und anvertraut ohne Unterschied des Standes.
Wer keine Paréa hat, ist krank, meinen die Griechen. »Me aftón dhen káno paréa«, sagt der Grieche, wenn er jemanden nicht mag,
»mit dem habe ich keinen Umgang«.
Ein Fährschiff kurz vor dem Auslaufen zum Festland. Auf dem Oberdeck bleiben dreihundert Stühle und Bankplätze frei. Ein einziger Platz ist von einem Griechen belegt. Ein zweiter Landsmann betritt das Oberdeck, bleibt stehen, dreht sich langsam um die eigene Achse, um einen geeigneten Platz zu suchen, und entschließt sich dann doch, sich neben den einzigen Passagier zu setzen. Nicht ein Bank- oder Stuhlplatz bleibt zwischen den beiden frei. Man schaut sich kurz an, schweigt eine Weile, bis einer den anderen fragt: Apó pou iße, pou pas? Woher kommst du, wohin fährst du?

In einem bekannten griechischen Lied „Kalítera masí sou ké trelós ..." heißt es im Refrain: "...lieber mit einem Verrückten zusammen sein als alleine ...", und in dem Lied von Lukianós Kilaidónis singt man: „Chrónia tóra kanoume paréa, ki imaste sevgàri tairiastó", (wir sind jetzt schon Jahre zusammen und sind ein Pärchen, das gut zueinander passt).

Beim Betreten des weißgekalkten Kalývaraums fällt sofort der nach griechischer Tradition und mit einem farbigen Fliesensturz eingebaute Kamin auf. Dabei bezieht sich die griechische Tradition weniger auf die Gestaltung, aber doch auf seine Konstruktion, wobei ein Zitat eines berühmten Architekten »Form folgt Funktion« nicht annähernd berücksichtigt wird. Auffallend ist jedoch die Art seiner Betriebsbereitschaft, hat er doch vom Tag der Einweihung an nur eingeschränkt funktioniert, obwohl Baumeister Kóstas uns damals stolz verkündete, dass er der einzige noch gute Kaminbaumeister weit und breit sei und uns einen besonders gut ziehenden Kamin bauen wolle. Was die Kaminbauer in Evrópi, also in Europa können, könne er schon lange. Das alte Byzanz war doch die Blütezeit offener Kamine, und er sei dieser Tradition verpflichtet. Die Schwerkraft aber, die über den Schornstein den Rauch abziehen soll, wird durch die griechischen Anomalien so stark beeinflusst, dass der Rauch nun den gesamten Raum ausfüllt und uns wie Sprotten einräuchert.

»Etsi ine i Ellada« (so ist Griechenland), hört man mehrere Male am Tag, wenn etwas nicht funktioniert, oder noch öfters »Ti na kánoume, etsi ine i Soí« (was sollen wir machen, so ist das Leben). Dieser ergebungsvolle Schicksalsglaube beherrscht die Köpfe der meisten Griechen. Entweder man lächelt als Europäer darüber wie Demokrit oder nimmt diese Defizite wie Heraklit mit Mitleid und Erbarmen und mit tränenüberströmtem Gesicht zur Kenntnis. Nach fünfunddreißig Jahren Griechenland aber herrscht in mir der Glaube an die Vorbestimmung. Er beruhigt mich doch und erleichtert mein Leben. Dessen man spottet, misst man keinen Wert bei, und die Tränen

liefen ohnehin im rauchgeschwängerten Raum. Wir mussten also auf die Kaminfunktionen - sollten wir uns nicht für einen Teilabriss entscheiden – verzichten.
»Wer weniger besitzt, ist näher bei den Göttern«, sagt ein altes griechisches Sprichwort. So gaben uns die Götter die Chance, nach einer gemütlicheren Variante zu suchen. Ohnehin wäre die Wärme und Energie durch den Schornstein entwichen, und wir hätten, im Halbkreis vor dem Feuerloch sitzend, warme Brüste und heiße Köpfe, aber eiskalte Hinterteile und Rücken gehabt.

Nun steht vor dem Kaminloch ein kleiner antiker gusseiserner und mit Reliefs gestalteter Ofen, kaum stiefelkartongroß, der in seinen bescheidenen Proportionen von der Dominanz der Länge in der Dicke des abgewinkelten Ofenrohrs erdrückt wird, aber nun dem ganzen Raum behagliche Wärme spendet. Das Rauchrohr haben wir – einem Epiphyten gleich – in den aufgehenden gemauerten Schornstein des vermurksten Kamins gesteckt. Mástro Kóstas sei herzlich gedankt.
Die Kaminplatte hat nur noch die Funktion, während unserer Abwesenheit als Tanzfläche unserer Untermieter, der Mäuse und Mauergeckos, zu dienen. Mit beiden verbindet mich eine Art Hassliebe, sehe ich sie doch lieber draußen als drinnen. Die Mäuse lassen sich in Mausefallen einsperren, um dann ausgesperrt zu werden, die Mauergeckos aber sind flink und verstecken sich in den kleinsten Ritzen.

Die Geckos sind Eidechsen mit hellgelber, dunkelockerfarbig gefleckter Haut und Füßen, die kleine Saugnäpfe haben. Diese erlauben es ihnen, an Mauern hinaufzuklettern und sogar unter Zimmerdecken zu laufen. Im Gegensatz zu den Eidechsen halten sie sich gerne im Haus auf und lieben den kühlen Schatten. Wenn ich im Frühjahr nach einem Monat wieder die Kalýva öffne, sausen kleine und große Geckos in ganzen Trupps über Wände und Decken. Die Kalýva als Geburtsstation und der Kamin als Kreißsaal.

Was besonders an den Geckos auffällt, sind die Sprenkel auf ihrer Haut, die an Kleieflecken erinnern. Sie haben die Griechen sicher beeindruckt, da diese ihnen ebenfalls einen ätiologischen Mythos andichteten, der mit dem von Demeter und ihrer Tochter Perséphone verschmolzen ist.

Als die Göttin auf der Suche nach ihrer Tochter Perséphone, die vom Gott der Unterwelt verführt worden war, vergeblich durch ganz Griechenland geirrt war, gelangte sie eines Abends, erschöpft und durstig, in die Ebene von Elevsis. Sie hatte die Gestalt einer alten, uralten Frau angenommen und klopfte an die Türe eines Hauses, um etwas zu trinken zu erbitten. Die Hausfrau bot ihr gleich von dem Brei an, den sie für den Abend gekocht hatte, und der aus Wasser, Honig und Gerstenkörnern bestand. Deméter verschlang ihn gierig, so gierig, dass das Kind des Hauses, »ein Junge mit bösem und frechem Blick«, wie Ovid ihn beschrieb, bei dem Anblick in Gelächter ausbrach. Gibt es aber eine Verhaltensregel, die man ein für alle Male befolgen muss, so ist es das Gebot, niemals über die Götter zu lachen. Wütend und aufgebracht goss Demeter dem Jungen den restlichen Inhalt der Schüssel über den Kopf. Da stand das Kind, bedeckt mit den Breiklecksen aus Honig und Gerstenkorn, und verwandelte sich unter den Augen der verzweifelten Mutter nach und nach in einen Gecko.
Dies ist die Geschichte aus Ovids „Metamorphosen", die erklärt, warum die Geckos eine honigfarbene Haut haben und mit dunklen Flecken wie mit Gerstenkörnern gesprenkelt sind. Aber auch, warum sich der Gecko lieber im kühlen Schatten aufhält als in der prallen Sonne: weil er früher ein Kind war.

Wir zündeten den Ofen mit im Sommer vorbereitetem Anmachholz und mit Pinienzapfen an und legten ein schweres Scheit aus Olivenholz auf die erste Glut, Holz vom Baumschnitt des Vorjahres. Länger anhaltend und wohliger wärmt kein Birken- oder Buchenscheit. Unsere Hände und Wangen begannen zu glühen, fast so rot wie einige schwache Stellen des Ofenrohrs.

Die im Garten gepflückte und zum Trocknen am Gebälk aufgehängte wilde Minze duftete nun im frischen Tee, den wir mit dem berühmten thassitischen Honig trinken, den wir regelmäßig jedes Jahr im September unweit von hier bei Panajiotis Tsínis sofort nach dem Schleudern holen. Es war nun eine so gemütliche Stimmung im Raum, dass ich unwillkürlich an das Gedicht „Altes Kaminstück" von Heinrich Heine dachte, zumal die dicken Regentropfen gegen die Scheiben klatschten, als würde jemand in Intervallen eine Handvoll Reiskörner dagegen werfen.

Mein Freund Tásso begann von seinem vor Jahren verstorbenen Vater Micháil zu erzählen, ein Fassmacher und Honigweiser, der vom Kindesalter an seine Erfahrungen in Kleinasien gesammelt hatte, bevor er nach der großen griechischen Katastrophe, der Vertreibung der Griechen durch die Türken 1922, sein Heimatdorf bei Gallípoli verlassen musste. Ich erinnere mich oft an den kleinen drahtigen Schneeweißhaarigen. Dieser Mann strahlte Klugheit und Güte aus, nie pflegte er Groll gegen die für die Griechen vielleicht größte Schmach in der neuen Geschichte und gegen den Verlust der großen Mana, der Mutter aller Griechen, der Hágia Sophía. Die schmerzvollen Lieder »Käne, käne i Kgambánes« (es brennen, es brennen die Glocken) oder »I Smírni keí« (Smyrna brennt) kamen ihm nicht über die Lippen. Er erinnerte sich nur an die schönen Jugendjahre mit den türkischen Mitmenschen, auf die er sich gern zurückbesann, Menschen, die weinten, als sie seiner Familie beim Packen halfen, und weinten, als diese die zu kleinen hölzernen Boote bestieg, die sie in ein fremdes Griechenland bringen sollten.
Auch ich erinnere mich sehr oft an ihn, wenn ich meine Tagwerke in den Olivenhainen verrichte und an den dort aufgestellten Kipséles, den bunten Bienenkästen, vorbeilaufe. Meine glücklichen Tage waren auch die mit ihm zusammen, die Tage, an denen er mich mitnahm auf seinen Eseln zu den Wanderungen in seine Bienenhaine. Wir schliefen ein, zwei Nächte in den

kleinen Steinhütten, deren Dächer mit Blechen aus den Oliven- oder Honigkanistern eingedeckt waren. Man musste in diese kleinen Behausungen hineinrobben. Die Bettgestelle waren aus starken Holzästen gezimmert; die Matratzen aus Jutesäcken, gefüllt mit Stroh, ließen einen nicht süß träumen, zumal an den Wänden ein ungeregelter Verkehr von Spinnen, Würmern, Geckos, Eidechsen und anderem Kleingetier herrschte.

Wir sprachen viel über Michail, über die schwere Flüchtlingszeit und die harten Anfänge auf der Insel Thasos, und als Ardían, unser albanischer Freund, hörte, dass wir uns über die vielen Unbequemlichkeiten von damals und auch heute beklagten, erinnerte er uns daran, dass noch vor wenigen Jahren Bequemlichkeiten und Überfluss in Enver Hodschas Steinzeitkommunismus Fremdwörter gewesen waren.

„Ach", sagte Déspina und zuppelte mit ernster Miene mit der rechten Hand am linken Hemdkragen, der aus dem schmutzigen und ölbefleckten Pullover heraushing, und „pó, pó pó", Ausdruck und Gestik der Griechen, wenn sie etwas besonders schlimm finden; und ganz besonders anstrengend, ja eine Qual waren die Olivenernten in den früheren Jahren. Es gab keine zimmergroßen Kunststoffnetze, die man unter den Bäumen auslegte, keine Leitern aus Aluminium, keine Nylontextilien oder Nylongefäße, keine Wetterkleidung aus Gore-Tex- oder Sympatexmaterial, keine Tupper-Gefäße, keinen Strom und deshalb auch keine Elektro- oder Elektronikgeräte. Die Trageinrichtungen waren Muli und Esel und trugen die Namen Marika, Marko oder Pantelís und nicht Toyota, Mazda, Nissan und Mitsubishi in Gestalt von Pick-up-Fahrzeugen.

„Pädiá", Kinder, sagte Déspina, „ich erzähle euch nun meine Geschichte", und begann mit Historien, die, so glaube ich, absolut der Wahrheit entsprachen, aber in der geschilderten Dramatik bis zum Schluss immer apokalyptischer wurden. Ab und zu versuchte Tásso ihr Temperament so zu bremsen, dass ihre Augen weniger rollten und die Hand- und Armgestik Gläser und Aschenbecher auf dem Tisch ließ.

Im Alter von zwölf Jahren ging sie – zwar nicht zum ersten Mal, aber von da an jedes Jahr regelmäßig - mit ihrem Vater Dímitri, genannt Mítsou, und ihrer Mutter Elisabeth zur Ernte in die Olivenhaine, die zum Teil weit entfernt vom Dorf Limenária lagen. Es war das Jahr 1951. In den Jahren zuvor hatte sie auch regelmäßig bei der Ernte geholfen, aber nur die leichten Arbeiten verrichtet. Nun war sie kräftig genug und eine richtige Hilfe.
Ihre Familie gehörte zu den glücklichen Menschen, die sowohl einen Esel mit Namen Pantelís als auch einen Mulari namens Marika ihr Eigen nennen durften. Damit galten sie schon als wohlhabend, hatten sie doch auch 500 Olivenbäume, die sowohl im Radius von ungefähr zwölf Kilometern vom Dorf entfernt in verschiedenen Hainen im Campus als auch in den Bergen wuchsen.

Vater Mítsou war geschäftstüchtig, war er doch zudem lese- und schreibkundig. Er gehörte deshalb zu jenen Menschen, die an den Öffnungstagen der Gemeindeverwaltung mit einem kleinen Klapptischchen und Klappstuhl vor dem Eingang der Kinótita warteten und für nicht Lese- und Schreibkundige Bittstellungen, Anträge, Erklärungen, das heißt, alle staatstragenden Schriftstücke form- und sachgerecht verfassten. Die Menschen waren noch arm, ausgezehrt vom Bürgerkrieg, der 1943 begann und erst 1949 mit der durch Wahlfälschung ermöglichten Rückkehr König Georgs II. langsam endete. Auch danach kehrte keine Ruhe ein. Die katastrophale wirtschaftliche Lage, die Abhängigkeit Griechenlands vom amerikanischen Kapital und nicht zuletzt der Terror und die Wahlfälschungen bluteten das Land aus wie zu Zeiten der deutschen und bulgarischen Besetzung während des 2. Weltkriegs. Eine Planung für die systematische Nutzung der nationalen Ressourcen und die Beschäftigung von Arbeitskräften hatte es bis dahin nicht gegeben. Das Land verdorrte in übertragenem Sinne.

Vater Mitsous Dienstleistungen konnten nicht mit Geld, aber mit Naturalien finanziert werden, und je höher die Dringlichkeit und Wichtigkeit der ausgeführten Dienstleistung, umso mehr stieg auch der Erlös. Es fing mit einem Oka Oliven an, über den Teneké Olivenöl konnte es auch schon einmal ein kleiner Ölbaum sein. So sammelten sich kleine Reichtümer an, mit denen sich der Ankauf einem kleinen Stückes Land ermöglichte bis hin zu einem kleinen Hain mit einigen Olivenbäumen. Aber auch in das steinigste und steilste Stückchen Boden ließ sich ein Ölbäumchen pflanzen. Mítsou Bláchos gehörte sogar zu den vermögenden Limenariótes, die sich einmal im Jahr die Matratzen mit einem edlen Füllmaterial vollstopfen und eben neben den Ziegen, Hühnern und Schafen auch einen Muli halten konnten.

In Griechenland verpasst man den meisten Mularia den Namen Marika, während die Esel, weil von unvermischtem und daher edlem Geschlecht, entweder den Namen Marko oder Pantelís erhalten. Im Wissen um seine echte Herkunft macht sich der Graue auch phonetisch lautstärker bemerkbar. Seine freudigen Begrüßungen hören sich entsetzlich pathetisch an. Es ist am Anfang wie durch ein Megaphon verstärktes, aus Hals und Kehle herausgeschrienes ein- und ausgeatmetes schmerzvolles und röchelndes Stakkato, dann immer langsamer und ruhiger werdend, um am Schluss in einem erlösenden Seufzer zu enden. In dem deutschen Märchen „Die Bremer Stadtmusikanten" hätte es des Hahnes, der Katze und des Hundes nicht bedurft, um Räuber in Angst und Schrecken zu versetzen. Ein griechischer Esel hätte das bestimmt alleine geschafft, entspricht doch auch seine Wesensart ein wenig dem griechischen Charakter. Egó, egó, ich bin doch der Größere und Bessere.
In seiner unerschütterlichen Gelassenheit ist er der Stoiker unter den Tieren. Verglichen mit den Pferd gibt er keine stattliche Figur ab, aber statt elegant und nervös zu tänzeln wie das Pferd, das auch theatralisch scheut, wendet er sich einfach ab und tut gar nichts. Sein Kopf arbeitet langsam, er überlegt, er ist nämlich ein Philosoph, mit ihm braucht man viel Geduld. Was kein Pferd beherrscht, konnte ich selbst auf den Wanderungen mit

Bárba Micháil erfahren. Wenn die Nacht den Boden unter den Füßen verschlingt, kann man sich an den Schwanz des Tieres hängen und ihm die Wegsuche überlassen.

Schon der lateinische Name Equus asinus adelt ihn gegenüber dem Mulári, der, unrein über seine unedle Herkunft, oft hinterhältig und übel nachschlagen kann. Seine Boshaftigkeit können ein paar einäugige Limenariótes bezeugen. Dem Esel gegenüber waren nur die Menschen bösartig. Ich glaube, kaum ein Tier musste in der ganzen Welt – nicht nur im wenig tierliebenden Spanien und Griechenland –so viele Stockschläge und Tritte einstecken wie der sanfte Graue.

Mein Enthusiasmus für den Esel wird nur von Johannes Gaitanides übertroffen. Keiner hat den Charakter eines Esels besser beschrieben als er in seinem Buch „ Das Inselmeer der Griechen" im Kapitel »Esel, Schaf und Ölbaum – Die irdische Dreifaltigkeit«. Dieses Buch ist für jeden angehenden Philhellenen der beste Einstieg in die mediterrane Welt.

Trotz des damals ausgeprägten Gruppenzwangs, jeden Sonntag, an Feiertagen und Namenstagen, an Ein- und Aussegnungen in den Kirchen und Kapellen den Segen Pater Athanásios' empfangen zu müssen, war es den armen Kleinbauern nicht bewusst, dass Gott sie mehr liebt, je weniger sie besitzen. Zum Nachdenken ließ der harte Alltag keinen Platz. Für sie war der Besitz einer Ziege, von ein paar Schafen und einem Esel ein kleiner Reichtum. Kaum vorstellbar, wenn man weiß, dass man in den fünfziger Jahren, als es noch eine halbe Million Esel gab, 350 – 400 Drachmes (1 Mulári: 1900 Drachmes) - nach heutiger Berechnung 1 – 2 Euro – für den Grauen bezahlen musste. Zu dieser Zeit kostete eine Tasse Kaffee 1,5 Drachmes (0,08 €), für die man 1973 bereits 3 Drachmes (0,15 €) bezahlen musste. Heute kostet der Kaffee in einer griechischen Cafetería 2,50 € (900 Drs.), es sei denn, man besucht ein echtes Kafeníon. Wenn man dort ausschließlich karten- und tavlispielende Männer sieht, ist man richtig, hier kostet der griechische Kafedáki immer noch nur die Hälfte.

Nunmehr laufen in Griechenland nur noch circa 15.000 dieser einst von ägyptischen Königen verehrten Tiere herum. Dass man trotzdem heute dem Händler für einen Esel 250 € auf die schwieligen Hände abzählen muss, liegt vermutlich an den Rettungsversuchen einiger fremder Touristen, die hier sesshaft werden wollen. Es ist der Preis für einen gut erhaltenen Oldtimer.
In unserem Sprachgebrauch hat das Wort *Esel* nur noch eine abwertende, aber doch zeitlose Bedeutung, so wie ein Beispiel aus der Antike, welches verdeutlicht, dass es noch heute Gültigkeit hat: Der Zyniker Antisthenes stellte vor dem versammelten Volk von Athen den Antrag, den Esel zum Pferd zu erklären. Damit wollte er zum Ausdruck bringen, dass viele Dumme zu Politikern gemacht werden.

Wie viel schöner waren damals die Nächte und Morgen mit den Liebesrufen der Esel. Seit einigen Jahren jedoch wird man vom scheppernden Nageln der Dieselmotoren der Pick-ups geweckt, die schon bei kühlen Plusgraden vor der Abfahrt ihre stinkenden Abgase auspuffend die Luft verpesten.

Déspina strickte weiter am Mythos der Fünfziger, so spannend wie ein irischer Märchenerzähler zu fortgeschrittener Stunde in einem Irish Pub nach einigen Whiskeys. Die Stimmung war adäquat, jedoch blieben wir noch immer beim Gemisch aus Minze und Diktamous. Die Kalyva war gefüllt vom Rauch der strohigen makedonischen Glimmstängel der Marke „Papastratos Ena", die Tásso in Kette rauchte. Déspina erzählte nun vom fünften Stand der Thassioten, die ihre Geräte und Habseligkeiten mit dem Handwagen zur Ernte in die Haine transportieren mussten. Wenn die Ölhaine weit entfernt bei Kástro oder in den Gemarkungen Ligiá, Skepastó oder in Agios António lagen, bedeutete das einen Fußmarsch von 2-3 Stunden, bei gutem Wetter natürlich. Bis zu vierzehn Mal musste der Fluss Lakkos überquert werden. Wehe, wenn der große Regen kam: Das wochenlang trockene Flussbett verwandelte sich – wie heute noch –in einen reißenden Strom, der mit Urgewalt alles mit sich riss. Dann streikten auch die Esel und blieben am Rand des brodelnden Stroms stehen. Nur mit einem Mulári ließ sich nun das Wasser überqueren, aber wer arm war wie die meisten, konnte sich eine Marika nicht leisten. Die meisten waren arm. Griechenland war arm, immer noch ausgeblutet vom jahrelangen auszehrenden Bürgerkrieg, der erst 1949 endete. Die Ausbeutung der Armen und Ärmsten durch die wenigen Reichen des Landes konnte sich nun noch ausgeprägter entwickeln. Davon zeugt noch heute die nicht unwesentliche Rolle der Kommunistischen Partei Griechenlands in der heutigen Innenpolitik des Landes, die im damaligen Widerstand gegen die durch den Westen etablierte Monarchie eine ebenso bedeutende Rolle einnahm wie die orthodoxe Kirche im Laufe der vierhundertjährigen Geschichte der Turkokratíe, der Gewaltherrschaft der Osmanen, die erst mit der „großen Katastrophe" und der Vertreibung und der Flucht der Griechen aus Kleinasien endete. Mit dem Abkommen von Mundaniá im Oktober 1922 mussten 1,5 Millionen Griechen ihr angestammtes Land verlassen und im hilflosen Mutterland aufgenommen werden.

Tásso beeindruckten die immer emotionaler werdenden Geschichten seiner Frau, und die kleine leere Ölsardinenbüchse nahm kaum noch seine Kippen auf. Er litt bei diesen Erzählungen, war er doch dabei und einer der führenden Köpfe im Zentralrat der Kommunistischen Partei gewesen, heute noch kurz KuKuÉ genannt. Kraftvoll arbeitete er für die Ideale seiner Partei, wie ein Alexis Sorbas aus Kazantzakis berühmtem Roman. Stolz war er, wenn die Ergebnisse seiner Arbeit im Zentralorgan der Partei, der *Risospástis,* Erwähnung fanden und von seinen Genossen in ganz Griechenland zur Kenntnis genommen werden konnten. Sein Engagement in der Partei endete wenig rühmlich. Heute läuft Tásso hinter einer farbigeren Fahne, deren Spektralfarben nur noch spärlich und verblasst das Sowjetrot zeigen. Synaspismos, Bündnis, Vereinigte Linke heißt sein neues Banner, aber die Kraft, die er in seine neue Partei steckt, ist zurzeit die eines lustlosen Katers, der zahnlos und ohne Krallen am wärmenden Ofen liegt.

Ardián, unser albanischer Freund, blieb stumm, seine Gesichtszüge regungslos. Was mochte in seinem Kopf nach den Erzählungen vorgehen? Ich kannte bereits seine Geschichten von den Leiden der Albaner in fünfunddreißig Jahren unter dem grausamen Betonbolschewismus eines brutalen, autokratisch herrschenden Enver Hodscha.

Déspina nahm wieder ihre Erzählungen auf. Wir rückten näher an den Ofen, hatten wir uns doch einiger schwerer und nasser Jacken entledigt, die nun über einer Stuhllehne nahe dem glühenden Ofenrohr hingen.
Alle in ihrer Familie schliefen in einem kleinen Zimmer mit einem Kamin, in dem ständig ein kleines Feuer brannte. Auch in der Nacht musste ständig ein Scheit nachgelegt werden, damit immer Glut vorhanden war für kleine Speisen, den Kaffee oder Tee. Die Betten waren sehr einfach gezimmert. Auf den Brettern lagen die Matratzen aus Juteleinen mit einem Schichtengemisch aus Wolle und Watte. In der gleichen Art wurden die Oberbetten hergestellt, die Páplomas, handgefertigte Steppdecken. Die Matratzen wurden mit der Zeit so ungemütlich knotig, dass sie spätestens nach einem Jahr wieder neu aufgelockert oder neu gefüllt werden mussten. „Páplomas, Páplomas", so zogen damals laut rufend die Händler mit ihren Handkarren durch die Dörfer. Gegen ein geringes Entgelt wurden die Matratzen mit einem Werkzeug aus einem Holz-Draht-Gestell wieder weich und locker gemacht oder neu verfüllt. Wer etwas mehr Geld hatte, kaufte sich im Krämerladen von Ermióni Vlachídis eine neue Füllung als Kiloware in besserer Qualität und stopfte sich seine Matratze selbst aus.

In sehr kalten Nächten deckte man sich mit den schweren Flokatis zu, die aus im Mai geschorener Schafwolle gewoben wurden. Sie waren so schwer, dass sie wie Ölpressstöcke auf dem

Körper lagen und ihn einschnürten. Das Sichumdrehen im Bett wurde zur schweißtreibenden Schwerarbeit. Diese mit Naturfarben hergestellten Decken sind so unverwüstlich, dass sie noch heute in unseren Kalýven in Gebrauch sind. Heiß gewaschen wurden sie damals nur, wenn der Fluss Lakkos, der durch Limenária floss, Wasser führte. Ein wenig selbst hergestellte Olivenseife wurde dann dem Waschwasser zugesetzt, um den Geruch der Frische zu akzentuieren. Parfümierte Seife, die die Händler mit den Kaíkis vom Festland oder von anderen Inseln mitbrachten, war für die Thassioten damals unerschwinglich.

Am frühen Morgen in noch stockfinsterer Nacht schälte man sich aus dem Deckenkokon aus Watte und Wolle. Steif und mit abgekühlten Köpfen schüttete man das am Vortag aus dem Brunnen geschöpfte und am Kamin in der Nacht gewärmte Wasser in die emaillierte Schüssel, deren Rostkrater das schon gelbbraun angelaufene Weißemaille durchbrachen. Man wusch sich schnell den Oberkörper, Arme und Hände und den Schlaf aus den Augen.
Vater Mítsou legte draußen dem Esel und dem Muli Samári und Chalíno, also Sattel und Zaumzeug, an. Meist wurden die Lasttiere schon am Abend zuvor mit dem Geschirr versehen.
Mutter Elisabeth legte die getrockneten Weißbrotscheiben, das Paximadi, zum Wärmen in die Nähe der Glut und bereitete den Tee zu. Olivenöl, Feta, der weiße Schaf- oder Ziegenkäse, Honig und gesalzene schwarze Oliven rundeten das morgendliche Mahl ab.
Wie eine Zwiebel in Schichten, so zog man sich an: die selbst gewobenen und gestrickten Unterhemden mit halbem Arm, die mit unzähligen Flicken reparierten Hemden oder Blusen und die ältesten Pullover. Meistens wurden die Hemden über die Pullover gezogen, die sonst während der Arbeit an den Bäumen und auf den Leitern durch das dichte Olivenastwerk zerrissen worden wären. Wenn die Bäume im Vorjahr gar nicht oder schlecht beschnitten worden waren, zerkratzte man sich beim Pflücken Hände und Gesicht.

Bevor man sich zum kargen Frühstück an die niedrigen Holztischchen hockte, wurden noch die dicken wärmenden Kappas oder die dunklen wollenen Patatúkas sowie die Regenumhänge aus Wachsleinen zurechtgelegt. All diese Jacken waren aber bei schweren Regenfällen doch so undicht, dass sich die Textilien darunter mit Tagwasser vollsogen und wie Bleiwesten am nassen Körper hingen.

Esel und Muli warteten geduldig mit Sattel und Zaumzeug, bis sie nun bepackt wurden. Einen Tag vorher hatte man bereits die schweren Holzleitern zum Ernteort gebracht. Diese Steighilfen, die es nur auf der Insel Thasos gab, wurden aus fünf Meter hohen Pinienstämmen im August geschlagen, wenn der Saft nicht mehr im Holz steigt. Die seitlich auskragenden Äste wurden auf fünfzehn Zentimeter Länge abgeschnitten und bildeten die Leitersprossen. Dem gesamten Stammholz wurde die Bast- und Rindenschicht entfernt. So eine Leiter wog bis zu 30 Kilo und musste von den Ärmsten, die weder Esel noch Muli besaßen, zu Fuß in die Ölhaine getragen werden. Dazu mussten dann auch die Kinder auf Spielvergnügen verzichten.

Die geflochtenen Weidenkörbe wurden mit dem Notwendigsten gefüllt, um den Nahrungsbedarf für einen Zwölfstundentag zu decken: Trachanás, hergestellt aus vergorener Ziegen- oder Schafmilch, Mehl und Olivenöl, welches immer im Spätsommer als Vorrat für Monate hergestellt wurde, vorbereitete Bohnensuppe, Ziegenmilch für die Kinder, selbstgebackenes Brot oder Paximadi, eine Zwiebackart, gesalzene Trockenfische oder in Olivenöl eingelegte Sardellen, schwarze gesalzene oder grüne eingelegte Oliven oder solche, die bereits am 14. September, am Tag des Kreuzes, gepflückt wurden. An diesem Heiligentag werden die schönsten, gesündesten und kräftigsten grünen Oliven aussortiert, von zwei Seiten, ohne den Kern zu berühren, mit einem scharfen Messer eingeschnitten und dann 20 Tage gewässert. Jeden Tag wird das Wasser gewechselt, damit sich die Bitterstoffe verflüchtigen. Danach wird den

Oliven etwas Zitronensäure zugegeben, und sie werden in eine Salzlake gelegt. Die richtige Konsistenz dieser Salzlake wird mit einem rohen Ei geprüft. Schwimmt das Ei auf der Lake, ist die Salz-Wasser-Mischung richtig abgestimmt. Den Oliven werden einige fingerlange Stängel des Dillholzes dazugegeben, um den Kräutergeschmack abzurunden, und die Sudoberfläche wird mit einer fingerdicken Schicht Olivenöl abgedeckt. Die Oliven sind nun über ein Jahr lang verzehrfertig.

Die begüterten Limenarióten nahmen vorbereitetes warmes Essen mit, das über dem offenen Feuer aufgewärmt wurde, welches immer im Olivenhain während der Ernte brannte. Diese Mahlzeiten wurden in stapelbaren Aluminiumtöpfen, so genannten Sifértas, transportiert. In Ermangelung selbst primitivster Kunststoff-Flaschen wurde das Trinkwasser in so genannten Bouklos mitgenommen. Alles wurde fachgerecht am Samári, am Sattel, befestigt. Dieses Verschnüren von Waren auf Esel und Mulari ist eine Kunst für sich, die heute kein Bauer mehr beherrscht. Unser albanischer Freund Ardián jedoch kennt noch diese Kunstfertigkeiten, war doch für ihn das Beladen von Lasttieren, der Transport über schwieriges felsiges Gelände von den Bergen in die Täler eine lebenswichtige Aufgabe. Ein Sturz der Esel und Mulari bedeutete unwiederbringlichen Verlust von Ware und Tier, wenn man sich nicht auch selbst zu Schaden brachte.

Man machte sich mit Muli und Esel auf den Weg. Nach eineinhalb Stunden erreichte man den Olivenhain von Skepastó. Sofort nach Ankunft wurde an geeigneter Stelle ein Feuer angezündet, das zunächst mit kleinem Geäst und gesammelten trockenen Pinienzapfen, den Koukounária, gefüttert wurde. So wurde immer eine kleine Flamme gepflegt, an der Tees zubereitet, Oliven geröstet oder die Speisen aufgewärmt wurden. An kalten und regnerischen Tagen spendeten die Flammen und die Glut wohlige Wärme, und durchnässte Kleidung ließ sich ein wenig trocknen.

Die Männer legten nun die ersten hölzernen Pinienleitern an die Ölbäume an und brachten die zusammengenähten Juteleinen unter den Baumkronen an. Nun bestiegen die Männer die Leitern und begannen mit dem Pflücken der Oliven, indem sie kammartig mit den Fingern durch das Astwerk strichen. Eine nach wenigen Stunden schmerzhafte Sache, wenn sich nicht schon von den Erntetagen zuvor schützende Hornhaut an Fingern und Handfläche gebildet hatte. Wer es sich leisten konnte, umwickelte die Finger mit einer Art Leukoplast.

Nachdem die von Frauen in einem Korb gesammelten Oliven an einem zentralen Platz im Hain zusammengeschüttet worden waren, musste das Erntegut vom Blattwerk getrennt werden. Die heute üblichen hölzernen Leistenschütten, die so genannten Lichnístras, die diese Arbeit erleichtern, gab es damals nicht, und die heutigen strombetriebenen Sortiermaschinen waren noch nicht erfunden. Bei aufkommendem Wind wurde die biblische Methode angewandt, indem die Oliven gegen den Wind in die Luft geworfen wurden, damit sich das Blattwerk von den Oliven trennte. Dass die Oliven durch das Fallen auf den harten Boden schnell oxydierten und nach dem Mahlen ein Olivenöl mit sehr hohem Säuregehalt ergaben, war den wenigsten bekannt. Ein Säuregehalt von oft 3-6 Grad bei dem gewonnenen Öl war die Regel.

Dazu sollte man wissen, dass nach den heutigen Regeln ein Natives Olivenol Extra einen maximalen Gehalt von 0,8 Gramm pro 100 Gramm Öl und ein einfaches Natives Olivenöl einen maximalen Gehalt von 2,0 Gramm pro 100 Gramm Öl enthalten darf. Heute wird ein Olivenöl bei einem Fehlattribut von mehr als 3,3 Gramm bei einem Sensorik-Test als nicht mehr verkehrsfähig eingestuft und nur noch als Zusatz für Seifen oder als Hilfsmittel für die Pharmazie verwendet, wenn es nicht chemisch-physikalisch raffiniert wird und wieder als einfaches Olivenöl in den Handel kommt.

Über die Masche mit dem Ölsäuregehalt, der in der heutigen Zeit von den europäischen Gesetzgebern alle Jahre weiter nach

unten verändert wird, lachen heute die alten erfahrenen Olivenbauern. Zu Recht, und deshalb bedarf dies einer kurzen Erläuterung, die die so genannten Olivenölkenner, aber auch die meisten tatsächlichen Experten nicht wissen, oder verdrängen.
In keiner wissenschaftlichen Abhandlung, in keiner Studie konnte bisher nachgewiesen werden, dass ein hoher Anteil von Fettsäuren für die menschlichen Organe, insbesondere den Magen-Darm-Trakt, schädlich ist. Im Gegenteil. Schon 1886 stellten die Wissenschaftler Ewald und Baas in der wahrscheinlich ersten Studie zum Einfluss von Nahrungsfett auf die Magenfunktion fest, dass es bei einer Zugabe von Olivenöl zur Unterdrückung der Magensäuresekretion kam. Heute zeigen weitere Studien über die Wirkung von Olivenöl bzw. Ölsäure im Hinblick auf die Magen-Darm-Motilität und die Magenentleerung, dass Mahlzeiten mit einem hohen Anteil an Ölsäure die Magenentleerung verzögern und dadurch die Reservoirfunktion des Magens unterstützen. Bei Zugabe von Ölsäuren wird die Beschleunigung der Darmpassage gefördert.
Wie eines der wertvollsten Lebensmittel, Olivenöl, heute mit Gesetzen und Verordnungen von beamteten Gesetzeshütern in Brüssel und Straßburg stranguliert wird, quittieren Tasso und Déspina und viele Olivenbauern mit mitleidigem Bedauern als Verfall der guten Sitten, als Entartung. Für sie war Olivenöl eines der wichtigsten Lebensmittel, es gab Wärme und Geborgenheit, es war Medizin, und es gab Licht. Das Olivenöl schmeckte nach reiner Olive und nicht nach gemähtem Heu, Artischocke, Mandel und all dem anderen Unsinn, den so genannte Gourmetköche in das Olivenöl hineininterpretieren wollen. Die Öle wurden nicht mit Aromen von Zitronen und Gewürzen verschnitten und so vergewaltigt auf den Markt gebracht. Wozu auch? Ist es nicht geschmackvoller, Speisen individuell und dosiert nach eigenem Geschmack zu würzen? Ist es nicht gehaltvoller, frische Zitronen oder frische Gewürze zu verwenden? Das heute verkaufte Olivenöl ist zum größten Teil die Kreation weißbetuchter Küchenpäpste, die für die so genannte Upper-Class, die Jetsetter oder so genannten Connais-

seure dafür sorgen, dass das Olivenöl amputiert auf den Markt kommt. Das heute frisch gepresste Olivenöl wird durch zigfache Register der Filtermaschinen gepresst, was ihm – einem geschälten Apfel gleich – alle wertvollen Inhaltsstoffe entzieht. Ohne Oleuropeín, ohne Tocopherole und ohne Vitamine steht das Olivenöl heute als fast totes Olivenöl in den Regalen der Supermärkte.

Über alles das mussten sich die Familien Topouzis und Stratigendas nicht den Kopf zerbrechen.
Nach einem anstrengenden Tag bereitete man sich mit beginnender Dunkelheit auf den Heimweg vor. Das Bepacken und Beladen der Mulari und Esel musste mit großer Sorgfalt vorbereitet werden, damit die Lasttiere im absteigenden und abfallenden felsigen Gelände ihr Gleichgewicht behielten. Die Schritte der Tiere waren nur so sicher, wie diese beladen wurden. Wenn nicht am nächsten Tag im gleichen Hain gearbeitet wurde, mussten neben den gefüllten Olivensäcken auch die anderen Habseligkeiten zurück ins Dorf mitgenommen werden.

Es war ein erfreulich erfolgreicher Tag, wie Déspina sich erinnerte. Zum ersten Mal, seit sie dabei war, hatten drei Personen zusammen einen Olivenertrag von 150 Okades in vier Jutesäcke füllen können. Oka war immer noch im Alltag und in den Köpfen die überlieferte Maßeinheit in Griechenland. Ein Oka entsprach der nächstkleineren Einheit 400 Dramia, heute 1280 Gramm. Ein Drami entsprach dem Wert von 3,2 Gramm.
Circa 190 Kilo also konnten sie zusammen Marika beidseitig des Sattelzeugs aufbinden, ein Gewicht, das ein Mulari in langsamem Schritt sicher über die unwegsamen steinigen Pfade ins Dorf tragen konnte. Dem Esel Marko blieb diesmal die Last der schmutzigen, ölmatschigen und "versifften" Säcke erspart; er verzichtete deshalb wohl auch auf das Fletschen der Zähne und die ohrenbetäubenden Verwünschungen. Man musste den Grauen auch öfters bei guter Laune halten. Nicht selten wird der Heimweg von schweren Gewittern und Regengüssen begleitet,

die die kleinen trockenen Flussläufe zu reißenden Strömen anschwellen lassen. Die Esel überwinden dann in ihrer Störrigkeit nur nach gutem Zureden die Angst vor dem Nass. Sie sehen ihr Ebenbild im Wasser und vermuten, nach einem Fehltritt in die Untiefen gerissen zu werden, um im Hades der Lasttiere ihr Gnadenbrot fristen zu müssen.

Nach einem anstrengenden eineinhalbstündigen Fußmarsch, bei dem bergab die von Ziegen und Schafen ausgetretenen serpentinenartigen Pfade benutzt wurden, war das Dorf Limenaria und eine weitere Viertelstunde später die Ölmühle von Stilianos Kalpinis erreicht. Dort herrschte geschäftige Emsigkeit. Ein Knäuel von Menschen, Eseln, Mulari, von Gerätschaften und vollen Olivensäcken. Alles drängte sich im Vorhof der Elaiotrivía, der privaten Ölmühle. Bauern, die bereits ihre Ernte abgegeben hatten und ihren Weg nach Hause antraten, drängten sich am Hoftor mit den Ankommenden. Im Hof selbst und an den Waagen sowie an den einzelnen Betonbottichen, in die nach dem Wiegen die Oliven eingefüllt wurden, herrschte aufgeregte Spannung. Die Ölmühle glich einem alten orientalischen Basar. Diskussionen, Palaver, Geschrei und Gefluche im Geruch des Schmutzes, des Schweißes sowie von frischen Oliven, warmem Olivenöl und dem beißenden Duft des Tresters. Die Händel um das angelieferte und abgewogene Gut, um die Qualität und den Preis nahmen meistens so aggressive Formen an, dass nicht selten die Fäuste flogen. Stilianos Kalpinis war ein Gauner, ein Ausbeuter, der die Bauern um ihr Erspartes brachte. Er bestimmte den Preis und den Anteil des Olivenöls, der ihm für seine Dienste zustand. Selten teilte er den Bauern den tatsächlich festgestellten Ölanteil der Oliven mit. War in einem Jahr der Ölanteil 15-18 %, teilte er den Bauern einen Anteil von 12 % zu. Ohnehin behielt er 35-40 % Olivenölanteil für seine angeblichen Kosten zurück. Seine Gaunereien machten ihn zu einem der reichen Leute in Griechenland, und seine Söhne profitieren noch heute von den üblen Machenschaften.

Heute sind die Gebäude zerfallen, das Dach, der hölzerne Abbund mit den Ziegeln eingestürzt. Die alten dicken Steinmauern sind verwittert und stehen nur noch in Fragmenten, die damals im neoklassischen Stil hölzernen Fensterläden hängen schräg und verwittert in den verrosteten Scharnieren. An den noch erhaltenen Putzresten prangen die roten Parolen der Kommunistischen Partei Griechenlands aus den vergangenen Jahren, die sich eigentlich nie geändert haben: Μπροστα Λαε ΚΚΕ, Vorwärts Volk, Kommunistische Partei. Im Hof stehen verrostete Schrottautos und die Ruinen von alten Caterpillars. Das einst herrschaftliche Anwesen gibt nun den morbiden Zustand wieder, der der damaligen wirtschaftlichen Lage der Olivenbauern entspricht.
Heute schreien nur noch ein paar sich selbst überlassene Pfaue im vom Altmotorenöl durchtränkten Hof.

Als plötzlich heller Sonnenschein das etwas schmutzblinde Glas der Kalyvyfenster durchbrach und uns blendete, und der Qualm von Tassos Papastratos-Stroh sich in den Strahlen blaugrau kräuselte, beendeten Déspina und Tasso ihre Erzählungen. Die kleine Sardinenbüchse war so randvoll mit Kippen gefüllt, dass Tasso den Rest seiner letzten Zigarette in die verbliebene Pfütze einer Teetasse schmiss. Wir öffneten die Fenster und die Türe und standen plötzlich unter klarem strahlendem Ägäishimmel.
Wortlos griffen wir zu unseren Werkzeugen und bewegten uns langsam auf die Olivenbäume zu, die, grünglänzend und vom warmen Wind trockengeföhnt, von uns wieder bestiegen werden konnten.

Am Abend war der Nissan Pick-up mit 30 sauberen Container-Kisten mit jeweils 25 Kilo Oliven beladen, die noch eine Stunde später in unserer genossenschaftseigenen Mühle vermahlen wurden. 750 Kilogramm Oliven ergaben heute einen Ölertrag von 130 Kilogramm, oder 141,3 Liter.

Frisch aus dem Dekanter geschöpft, wurde unser noch goldgelbes warmes Olivenöl auf ein Stück Weißbrot geträufelt und verkostet.
Es sind die krönenden Stunden der glücklichen Tage in den Hainen.

Kalývia
Καλυβια

Faszinierende und prägende Erlebnisse und Eindrücke sind vergänglich. Mit der Zeit senkt sich der Schleier des Vergessens über wesentliche Details, die wie Blumen in einem Frühlingsstrauß plötzlich welken und wie die Leuchtkraft und Farbigkeit eines Blütenpotpourris verbleichen.
Es ist das ständige Fließen und Sichverändern der Dinge. Alles, ob lebendig oder tot, ist in einem fortwährenden Verwandlungsprozess. Ta panta rhei: Alles fließt. Das sinnierte vor ungefähr 2533 Jahren ein großer griechischer Philosoph. Ich erwähne jedoch seinen Namen hier nicht. Nicht, weil ihn ohnehin alle kennen, aber weil dieser wohl größte Miesepeter in der Antike, ob der Dummheit der Menschheit immer nur weinend und schlecht gelaunt, einmal bösartig feststellte:
  Die schönste Welt ist nur ein planlos aufgeschütteter Kehrrichthaufen.
Ihn also, den Theophrast den „Schwarzgalligen" nannte, in meinem Geist zu behalten, würde meine Idee sabotieren, meine Gedanken unverkrampft niederzuschreiben.
Damit sie aber für mich unauslöschlich in Erinnerung bleiben - obwohl ich weiß, dass diese skizzenhaften Beschreibungen ein untauglicher Versuch bleiben, die Befindlichkeiten in glücklichen und bewegenden Momenten authentisch und adäquat zu beschreiben -, habe ich mir ein anderes Vorbild ausgesucht.
Natürlich bleibe ich in Griechenland, welch anderer Landsmann würde mich denn auch verstehen? Nur habe ich den Sprung über viele Epochen von der Antike in die Neuzeit gemacht, um dort Anregungen zu finden, wie man die Schönheit einer Landschaft und ihrer Details erzählend fassen kann. An den Dichter Angelos Sikelianós, geboren 1884 in Levkadas, muss ich denken, wenn ich durch die alten Ölhaine wandere.
Damit er die Stille in der Natur aufnehmen und den heimlichen Stimmen lauschen konnte, legte und kniete er sich nächtelang auf den Erdboden und berührte Steine, wie die alten Seherinnen

von Dodona, wenn sie ihre Orakel aus dem Geräusch des Windes in den heiligen Eichen des Zeus lasen.

»» *wie die Zikade ihren Ruf abbricht,*
sobald eine Wolke den Himmel bedeckt,
wie die Grille ihren Gesang einstellt,
sobald sie einen menschlichen Schritt vernimmt,
so schweigen auch die Stimmen, göttliche Stimmen der Erde,
sobald sie den Schritt der Neulinge hören,
derer, die ihnen nicht zuzuhören verstehen ««

Für mich als Schreiner, Architekt und Olivenbauer ist es einfacher, einen Weg zu bauen, als diesen zu beschreiben. Vor dem Scheitern habe ich keine Angst, bin ich doch zum wiederholten Male bei dem Versuch gescheitert, Aquarellfarben kompositorisch richtig auf das Malpapier zu bringen, und der Weg, über den ich erzählen möchte, ist zudem nicht mühsam oder besonders gefahrvoll. Es ist auch kein Weg, dessen Ziel man unter Gefahren und Qualen erreicht. Es ist nicht die Egnatia, die ihren Anfang in Roms Via Appia nahm, um bis nach Kleinasien zu führen, es ist nicht eine der berühmten Handelsstraßen oder die Seidenstraße der Römer oder Sven Hedins, nicht die Heerstraße Xerxes' und auch nicht die Goldstraße Philipps von Makedonien. Über ihn führen keine Handelskarawanen, es gibt keine Zollstellen und Wegelagerer. Nur Ziegen und Schafe, und dann und wann vielleicht Schlangen und Eidechsen, Schildkröten, Wachteln und Hasen.
Ein Weg, angelegt in einem Land der Götter und Mythen, ein Pfad wie ein kleiner Mosaikstein aus einem Tryptichon der Schöpfungsgeschichte, etwas Ewiges ausstrahlend. Ein Monopati, mit den Zeiten und Gezeiten ausgetreten, begehbar für den Menschen, aber befahrbar nur, soweit es die Natur nach den großen Winter- und Frühlingsregen zulässt. Absolut unbekannt, konnte sich dieser Pfad glücklicherweise sogar bisher vor den Augen von Google Earth verstecken.

Nach den großen Regengüssen, wenn der Fluss Lakkos erst das plötzlich reißende und dann das sanft fließende Wasser bringt, ist der Weg am schönsten, ist doch nur dann die Begehung für Muli, Esel, Schafe, Ziegen und die anderen Fußwanderer möglich.

Der Weg verbindet am Anfang das am Meer gelegene Dorf Limenária mit dem einen Kilometer in nördlicher Richtung landeinwärts liegenden Dörfchen Kalývia und von dort die Olivenhaine mit ihren zu pflegenden Ölbäumen an den Hügeln von Ligiá bei der Gemarkung Skepastó zwischen den felsigen Anhöhen Petrotó und Kasáni im Schatten des höher liegenden Bergdorfes Kástron, das wie die Spitze des Dreifaltigkeitssymbols über der sanften Hügellandschaft thront. Damit habe ich Beginn und Ziel genannt.

Diese Landschaft, die ich zusammen mit ihren Menschen in weiteren Erzählungen beschreiben möchte, liegt im Süden der nördlichsten Ägäisinsel Thasos im thrakischen Teil Griechenlands, an der Grenze zu Makedonien.
Die Insel, eine der schönsten und grünsten des griechischen Archipels, ist weltberühmt für ihren strahlendweißen Marmor und den köstlichen Pinienhonig.
Als im 6. Jahrhundert Weinbauern unter den griechischen Seefahrern die Gallier den Weinbau lehrten, war auch der Wein von Thasos berühmt.
Bereits vor 2400 Jahren kannte Thasos ein strenges Weingesetz, das den Handel mit Trauben, Most und Wein bis zur Besteuerung regelte. Der Wein wurde in Amphoren gefüllt und diese mit einem Stempel versehen, der auch den Namen des Erzeugers nannte. In den Jahrhunderten der Türkenherrschaft gab es Epochen, in denen der Weinbau verboten war. Nicht einmal das Wort Wein durfte man aussprechen. In den Jahren nach der Turkokratia wurde der Wein nur noch für den Selbstbedarf angebaut, bis 1960 eine Krankheit alle Rebstöcke auf der Insel Thasos vernichtete.

Seit wenigen Jahren setzt jetzt der thassitische Winzer Nikolaos Giannakis aus dem Dorf Sotirós diese alte Tradition der Kelterung des Weines mit neuesten Erkenntnissen und einem modernen Equipment wieder fort. 2400 Jahre also, nachdem Weinbauern unter den griechischen Seefahrern die Franzosen lehrten, wie man Wein macht, können deren Nachfahren nun langsam ein erstaunliches Comeback feiern.

Limenaria, im Süden der Insel gelegen, besitzt einen Hafen, ausreichend Kirchen und Kapellen, einen Kindergarten, die Volksschule, ein Gymnasium mit dem Lykio-Zweig, alle Einkaufsmöglichkeiten, Tavernen und Ouzerien, die erforderlichen Bäckereien, um sich als Dorf bezeichnen zu dürfen, die Post und zwei Banken, die Paralía, die Uferstraße am Meer, und als besondere urbane Geste ein Kreuzung, die oft verstopft ist, weil sich die Fahrer im Fadenkreuz der Straßen wichtige Neuigkeiten zu erzählen haben.

Von dieser Kreuzung zweigt nach rechts und nach links die Küstenstraße ab, die die Insel umgürtelt und jeweils in Halbbögen zu dem im Norden liegenden Hauptort der Insel nach Liménas führt.

Vom Meer aus führt nun eine mittlerweile seit drei Jahren bestehende breite asphaltierte Straße von der Paralía, der Uferstraße, Limenárias in nördlicher Richtung landeinwärts zum zuvor schon erwähnten Dörfchen Kalývia, das man als Geburtsort oder Stammort von Limenária bezeichnen kann, wenn nicht doch schon 1920 der Anfang der urbanen Entwicklung mit dem Zuzug der Bewohner aus dem Bergdorf Kástron seinen Anfang nahm.

Im letzten Jahr wurde die Straße teilweise um einen Bürgersteig verbreitert, der von der besagten Kreuzung bis zum Kindergarten führt, aber ausgerechnet von jenen mit ihren Fahrzeugen verstellt wird, die die Autoren der Trottoir-Verordnung für die Kindersicherheit sind und in der Gemeinde- und Präfekturpolitik das große Wort reden.

Nach einem Kilometer, vor dem Ortseingang von Kalývia, zweigt die Straße ab und führt linksseitig zu einer kleinen Platía, auf der sich ein kleiner Spielplatz unter einer Platane befindet, der mit deformierten und quietschenden Schaukel- und Wippgeräten bestückt ist, die im Jahr 1974 der erste demokratisch gewählte und kommunistische Bürgermeister nach der Obristenzeit, Anastásios Topouzis, als erste große „Kampfmaßnahme" durchsetzte.

Der rechte Abzweig führt über einen breiten unbefestigten Landweg durch alte Olivenhaine auf eine asphaltierte Straße, die das Fischerdorf Skala Mariés am Meer mit dem Schwesterdorf Mariés in den Bergen erschließt.

Zuvor aber, von der rechten Abgabelung, zweigt nach hundert Metern die Straße nochmals nach links ins Zentrum des Dörfchens und endet am schönen alten Kirchlein Àgios Giórgios, dessen Fresken die Einzigartigkeit der byzantinischen Kirchenkunst verdeutlichen. Das alles erlebt man, wenn man diesen Platz mit einem Auto unbeschadet erreicht. Denn fünfzig Meter vom Beginn der Abzweigung steht an einem sehr schlecht geplanten Straßenbogen ein altes zweigeschossiges Haus, dessen im thrakischen Baustil überstehendes erstes Geschoss die Straße überbaut. Aus Verärgerung, durch die für das Gebäude beleidigende Straßenführung so missachtet zu werden, kratzt es den vorbeifahrenden und schlecht geführten Fahrzeugen den Lack. Vielleicht doch etwas zu jähzornig, denn bei diesen Attacken hat es beim Austeilen der Hiebe selbst beträchtlichen Schaden genommen. Es steht nun wie ein Fels in der Brandung von Staub, Lärm, Bremsgequietsche und Blechgeknacke mit geschlossenen Augen, das heißt, mit verschlossenen Fenstern und Fensterläden. Zum Verkauf steht es seit Jahren, weil es keiner haben will, wird es doch einmal einer weiteren Ort- und Gemeindeplanung zum Opfer fallen. Hat man glücklich, ohne auch noch von entgegenkommenden Fahrzeugen gerammt zu werden, Haus und Kurve passiert, eröffnet sich links abbiegend das schon erwähnte Hauptgässchen, das auf halben Wege an der kleinen Platía endet, nachdem eine kleine unauffällige Brücke passiert wurde. Dieser kleine Platz ist der Treffpunkt, der Salóni, die Wohnstube des Dorfes, mit seinen kleinen Geschäften. Das kleine Lebensmittelgeschäft, auf dessen Beschilderung das griechische Wort *Pantopoleion* steht, hat diese Bezeichnung bereits durch ein nüchternes Pappschild „Super Market" ersetzt. Flexibel, wie Griechen nun einmal sind, geschah das wohl in der Vorahnung einschneidender Veränderungen aufgrund der 1987 vollzogenen Aufnahme in die Europäische Gemeinschaft. Diese Paradigmenwechsel bezogen sich nicht nur auf die unbedeutenden Wechsel von Firmenschildern. Es waren und sind noch immer Häutungen, die sich seit einigen Jahren bemerkbar machen und einen schleichenden Identitätsverlust einzuleiten beginnen, der die Wurzeln griechischer Traditionen in den nächsten Jahren noch strapazieren wird. Dies wurde jedoch umso einschneidender durch die Parlamentswahlen im April 2000 vor dem Beitritt Griechenlands am 1. Januar 2001 zur europäischen Wirtschafts- und Währungsunion eingeleitet. Die Pasok-Partei, die Panhellenische Sozialistische Bewegung, die diese Wahlen gewann, hämmerte vorher den Griechen die Parolen „Pame sti 2000" und „Pame sti Evrópi", „wir gehen ins Jahr 2000" und „wir gehen nach Europa" ein. Ziemlich verbeult kam nun Europa ins Land der Namengeber wieder zurück. Dazu bedarf es hier aber einer kurzen Erklärung.

In der jüngsten Geschichte hat das griechische Volk wie kein anderes in Europa die Freiheit entbehren müssen und sie erst vor anderthalb Jahrhunderten unter schweren Kämpfen wiedererlangt. Daraus erklärt sich auch der Fanatismus der heutigen Griechen. Sie waren unter der Türkenherrschaft so lange unfrei, dass ihre Freiheitssehnsucht ins Unermessliche wuchs. Griechenland war unter den Osmanen von der abendländischen Entwicklung ausgeschlossen. Ausgeschlossen von den Blüten der Epochen der Renaissance, des Barock, des Rokoko und den Anfängen des europäischen Klassizismus. Nur wenige erfuhren vom Geist der französischen Revolution, es sei denn, ausländische Philhellenen, die das Land besuchten, nahmen die Aufgabe verkündender Apostel wahr. Nun galt es, Versäumtes nachzuholen. Es war ein eruptives Ausbrechen eines christlich geprägten Volkes aus verkrusteten orientalischen Strukturen. Ein ausgeprägter Wissensdurst und Forschertrieb entwickelte sich mit einer Ungeduld, der zunächst alles Altüberlieferte und Althergebrachte achtlos über Bord warf. Dazu kam jedoch auch, dass nun ausländische Philhellenen, insbesondere aber die Großmächte das noch unentwickelte neue Griechenland zum Spielball ihrer Interessen machten. Der Höhepunkt dieses Mächte- und Intrigenspiels war die Inthronisierung Ottos, des zweiten Sohnes des bayrischen Königs. Erst 17 Jahre alt, taub und geistig zurückgeblieben sowie unerfahren wurde er als Otto I. als fragwürdiges bayrisches Exportgut dem griechischen Volk ungefragt vor die Nase gesetzt.

Aufgrund ihrer Wissbegier und des Hungers nach neuen Erkenntnissen trieb es viele Griechen in das Ausland. Dort bildeten Künstler, Mediziner, Kaufleute und Handwerker die neue Diaspora. An der Königlichen Akademie der schönen Künste in München zum Beispiel war kein Land so zahlreich unter den ausländischen Studierenden vertreten wie Griechenland.

Nun aber wieder zurück in die Gegenwart des Jahres Zweitausendzwei.

Aus der schönen griechischen Wortschöpfung *Xenodocheio*, wörtlich übersetzt „Fremdenbehälter", ist nun ein *Hotel* geworden, aus dem *Kafenion* die *Cafeteria,* aus *Kinimatographos* das *Kino* oder *Cinema,* aus dem *Artopoieion* die *Bakery* und aus dem *Pantopoleio* der *Super-Market*. Vorbei die blumigen Namen wie *Kafezythestiatoreion*, woraus zu entnehmen war, dass es sich um ein Restaurant handelte, in dem auch Kaffee und Bier ausgeschenkt wurde, oder das *Kapnopoleion*, ein Lebensmittelladen, der auch Zigaretten verkauft. Die schönsten Wortschöpfungen wie *Oinosythopsitopoleieon*, das Wein-, Bier- und Grillgeschäft, das *Oporopantopoleion*, das Obstgeschäft, oder die *Chasapotaverna*, die Fleischtaverne, wurden mit der Hand in den buntesten Farben gestaltet und durch liebevoll gestaltete naive Bilder ergänzt, die an bayerische Votivtafeln erinnern. Das Bild heißt im Griechischen Ikone, und eine Ikone ist demnach auch das Firmenschild des *Chasápis*, des Fleischers Jannis Vergos, dessen weißblauer Namenszug auf rosa Grund links von einem blutigen Stierkopf und rechts von der Beschriftung von einem Beil auf einem hölzernen Hackklotz flankiert wird, von dem das Blut noch auf den gelben profilierten Holzrahmen tropft.

Aber alles Sinnieren über die Verluste hilft nicht über die Tatsache hinweg, dass die so genannte Moderne Liebgewonnenes verschlingt, wie der Titan Kronos, Sohn des Uranos und der Gaia, seine Kinder.

Noch aber lassen die Friseurläden des Dimitris Takis Sevvastos, der auch bekannt als Foto-Taki im Dorf die Ereignisse fotografiert, des Kostas Papadopoulos und des Theódoro Rulis Loukoumis museale Gemütlichkeit aufkommen.
Von der Bäckerei weht einem in später Nacht der vanilline Duft der Tsouréiki im Halbschlaf in die Nase, obwohl man bereits auch die hartgummizähe, in Plastikfolie geschweißte Fabrikvariante erstehen kann, und am Freitag hängen sauber aufgereiht die frisch geschlachteten Ziegen und Schafe vor den Kühlkammern. In den Kühlfächern selbst konserviert Jannis nämlich die „moderne" Variante, die viel zu teure Importware aus Neuseeland.

Mittelpunkt und Treffpunkte sind die Ouzerien. Die mit den blau gestrichenen Fenstern ist der Treffpunkt der Anhänger der Nea Dimokratia, die Ouzerie also von Vassili Lata, die Kommunisten treffen sich bei Panagiotis Betounikos, und die Ouzerie von Lazaros Kalpinis scheint die neutrale Ecke im Kampf der Politikheroen zu sein.
Letztendlich aber trifft sich doch jeder mit jedem in allen Ouzerien. Eines haben sie jedoch gemeinsam. Das Meze ist so reichhaltig, dass man am Abend in der Taverne von Sotiri Versamáni kaum mehr essen mag, es sei denn einen Ouzo mit einer neu-

en Mezévariante, zusammen mit seinen Freunden, der Paréa. Oder man trinkt ein Bier, auf Neugriechisch Birra. Der altgriechische Name Sythos (Ζυθος) wurde aus dem Sprachgebrauch „gecancelled".

Die Schafe des Pater Gerassimos
Τα προβατα του Πατερα Γερασσιμου

Mit den ersten wärmenden Sonnenstrahlen des Vorfrühlings sitzen die älteren Männer wie Hodschas in ihren wärmenden Patatukas, den dunklen schweren Jacken, und den Pastoúnis auf der Bank vor dem Kirchenzaun von Agios Georgios, im gestikulierenden Austausch von familiären und politischen Neuigkeiten, nur ab und zu von der schrillen Geschwätzigkeit der Panagiótas, Aristoulas und Elenis unterbrochen, die im Vorbeigehen ihren Paschas mit kurzen Blicken und Gesten zu verstehen geben, wer doch eigentlich Herr – zumindest im Haus – ist.

Auf einem mehrmals schlecht gestrichenen wackeligen braunen Holzstuhl, dessen Bastsitz einem durchgewetzten Hosenboden gleicht, thront souverän Pater Evdókimos, in der rechten Hand das Komboloi drehend, den rechten Fuß auf der seitlichen Sprosse eines zweiten Stuhls abgestützt, und den linken Arm auf der Rücklehne eines dritten Stuhls aufliegen lassend, in der Herrschaftspose eines griechischen Patriarchen. Hier im Dorf Kalývia herrscht und dient er als volksnaher Pantokrator der griechisch-orthodoxen Gemeinde, in seiner von Wind und Wetter an vielen Stellen abgestoßenen Soutane, deren ehemals jungfräuliches Tiefschwarz schon seit vielen Jahren wie der Alkohol aus dem Ouzo verflogen ist.
Sein schweres und mit farbigen Steinen besetztes Kreuz, das ihn als Archimandriten, als Erzpriester, auszeichnen soll, und das er trotz der Befestigung an einer grobglicdrigen silbernen Halskette nochmals an einen Knopf des Priestergewandes in Brusthöhe gesichert hat, lenkt von kleinen textilen Fehlern und einem Fassoladasoßen-Fleck ab, gibt ihm aber doch die ihm zustehende Würde wieder.

Ab und zu entlässt ihn die Lethargie in die Tat, wenn er mit seiner schwieligen Hand den schwarzen zylindrischen Kalimaphion, der wie ein Stück Ofenrohr aussieht, absetzt, und mit einem zerknitterten angeschmutzten Taschentuch, das er mühevoll aus der Hosentasche unter der Soutane reißt, den Schweiß aus Stirn und Nacken abwischt und danach mit dem verbleibenden trockenen Zipfel den inneren Rand der ständig feuchten Kopfbedeckung abtrocknet.

Es scheint, er verlässt nur dann das Kafeneion, um dem nächtlichen Bedürfnis des Schlafs nachzukommen, die vielen Liturgien zu zelebrieren oder aber seine Schäfchen mit häuslichen Besuchen zu erfreuen.
Auf dem Weg küssen ihm Jungen und Mädchen die Hand, um sie dann an ihre Stirne zu führen, die Mädchen grüßen dazu knicksend.

Nur die Alten, oder die in der Tradition einer roten Fahne Erzogenen oder Verführten, scheinen sich ihm zunächst zu verweigern oder tun zumindest einfach so. Vielleicht auch nur deshalb, weil es als Leninist oder Marxist nicht schicklich ist, den Kontakt mit dem Stellvertreter des Himmels aufzunehmen, werden die Kräfte der strikten Verweigerung frei.
Der ständige Kampf auf der Suche nach der richtigen Überzeugung und Gesinnung, die Suche nach der Wahrheit zwischen dem göttlichen Oben und dem marxistischen Unten lässt – so scheint es – in der Nähe des Papás verschämte Verlegenheit aufkommen.
Einmal in der Woche sitzt Pater Evdókimos bei unserem Freund und Nachbarn Stélios Stratigéndas, um mit ihm die Liturgien der kommenden Gottesdienste zu besprechen, in denen Stelios als Protopsaltis, als Vorsänger, den klingenden liturgischen Dialog mit Pater Evdókimos halten wird.

Stélios hat eine schöne, in jungen Jahren geschulte Stimme, die die Simiografien der byzantinischen Musik im Zwiegespräch mit dem Priester engelgleich und harmonisch erklingen lässt, und es sorgt bei niemandem für Disharmonien, wenn Stélios, heute und zum wiederholten Male, seine Stimme nicht als aktives Mitglied der Kommunistischen Partei Griechenlands und des Gemeinderats erhebt.

Scham und Verlegenheit sind bei beiden auch nicht zu spüren, wenn das Vollbrachte oder noch zu Planende bei einem Ouzo im Haus von Stélios Stratigendas besiegelt wird, unter den grimmigen Blicken Josef Stalins, der hinter Glas gerahmten Hausikone, die für Jedermann sichtbar das Wohnzimmer schmückt.

Vielleicht sind sich beide aber doch bewusst, dass in vermutlich schlechten Zeiten weder göttliche Weisheit noch marxistischer Rat Linderung herbeiführen kann. Glauben aber kann Berge versetzen. Ich würde beiden und dem Berg Ypsárion einen Zentimeter gönnen.

Nicht immer und ausschließlich ist auf Papa Evdókimos' Kafeneiontisch ein Café Métrio zu finden, wenn er sich zwischen der liturgischen Geschäftigkeit entspannt. Entspannt hängen jetzt auch die Glocken von Agios Georgios, die je nach Takt und Klöppelanzahl Geburt, Hochzeit oder Tod verkünden, dies jedoch nicht gerade zuverlässig, und die Menschen dann rufend oder fragend vor die Türen und auf die Balkone treiben, damit sie die Neuigkeiten den Nachbarn oder Freunden und Verwandten mitteilen, die oft schon alles vorher wussten oder genauer kannten, dem Geschwätz jedoch neue Nahrung geben oder die Nachrichten in die von ihnen gewünschte Richtung lenken wollen. Kleine Schwindel werden dazugedichtet oder kleine Notlügen, ohne dass je Not bestanden hätte.

Wenn es denn ein lohnendes Thema ist, das die Gemüter erhitzt und das Blut in den Adern kochen lässt, wird nichts unterlassen, um das Feuer der Tratschsucht weiter zu schüren, wie ein Orchester ständig klappernder und tanzender Kochtopfdeckel auf brodelnden Wassertöpfen, denen keine Gelegenheit gegeben wird, sich zu setzen.

Vorhang auf, das Schauspiel kann beginnen. In diesem Stück gibt es keine Statisten, jeder für sich allein ist ein Star, sein eigener Dramaturg, Regisseur, Bühnenbildner und Requisiteur. Jeder bestimmt für sich den Einsatz seiner ganz eigenen Rolle,

seines mit den anderen natürlich nicht abgestimmten Parts. Jeder hält sich für besser als den anderen, und erst eine kleine Ermüdungserscheinung oder die selbst bestimmte Notwendigkeit eines Themenwechsels gibt dem anderen die Möglichkeit seines unruhig erwarteten Einsatzes. Nicht auszuschließen ist auch die plötzliche Übernahme der Argumente und des Standpunktes des Gegenübers, nur um zu spielen, zu kitzeln und um zu provozieren. Alles in diesen Szenen jedoch, die Sprache und die Gestik formen sich letztendlich zu einem farbenprächtigen Finale, einer alten italienischen Oper gleich.
Ein Ergebnis müssen die Schlussakkorde dieses Stückes nicht zeigen, aber ein Erlebnis muss dabei herauskommen. Das Erlebnis der Paréa, des Zusammenseins in Freud und Leid, Liebe, Qual, Lüge, Hoffnung und auch Hass, all jenes, was eine griechische Tragödie des Aischylos oder der Spott in einer Komödie des Aristóphanis zu lehren und auszudrücken vermag, oder aber es ist die vorgelebte und nicht immer durchschaubare chaotische Lebensart der alten griechischen Götter oder Halbgötter.

Tatsächlich eruptiver Streit wird dann durch ein bis zwei Männer des Vermittlungsausschusses des Dorfes geschlichtet, die sich im richtigen Moment in getragenen Schritten dem Ort des Geschehens nähern.
Der Erfolg der Einigung wird dann auch mit einer zweistimmigen Kantate in beruhigendem Andante und mit einem Gläschen Ouzo besiegelt.

Haus, Garten und Nachbarn
Το σπιτι, ο κηπος και οι Γειτονεσ

Biegt man vor dem Brückchen von Kalývia links ab, zeigt sich nach hundert Metern an einer sichtbaren großen Einfriedung eine zweiflügelige blaue Türe, die mit geschmiedeten Ölzweigen geschmückt ist. Es ist der dem Dorf zugewandte dritte Eingang zu unserem kleinen Anwesen, das mit einer halbhohen Mauer und in Abständen aufgesetzten Säulen, weißgekalkt, Garten und Haus Schutz bietet.
Zwischen den Säulen schließen blau gestrichene Feineisenkonstruktionen, mit einer sparsam gestalteten Geometrie, die offenen Felder.
Das Haus ist vom Dorf her nicht sofort sichtbar, wird es doch von zwei großen Feigenbäumen und einem mit üppigem Grün gefüllten Walnussbaum verschattet.
Die Bäume wurden zu dicht gepflanzt. Es sind spontane Geschenke unserer Freunde und Nachbarn nach unserem Einzug. Ebenso spontan wurden von ihnen die Pflanzlöcher gegraben, und mit vehementen Widerspruch gegen unsere gewohnten mitteleuropäischen Planungsetappen, nämlich Grundlagenermittlung, Vorplanung, Entwurfsplanung, Werkplanung und dann die Ausführung, die Pflanzungen durchgeführt.
Unser Haus ist ein sehr altes Haus. Große Teile des Gebäudes wurden am Ende des 19. Jahrhunderts errichtet. Ein beträchtlicher Teil des Gebäudeensembles mit den nach Süden ausgerichteten Hauptfassaden ist seit Jahren von früh bis spät ständig der Sonne ausgesetzt.
Die in den letzten Jahren angebrachten Reparaturputz-Maßnahmen und der ständige Wechsel der Farbbeschichtungssysteme trugen dazu bei, dass das Haus bald neu verputzt werden muss.
Die Fassadenhaut ist uneben und runzelig und ähnelt eher dem mit der Puderquaste üppig behandelten und verfalteten Gesicht der Bouboulina aus Nikos Kasantzakis Roman „Alexis Sorbas".
Die Nase dieser Fassade ist der mit Wein und Glyzinien umrankte kleine, vor der Fassade vorstehende Balkon mit der

dahinter liegenden, mit reichen Ornamenten und gerahmten Füllungen verzierten zweiflügeligen hölzernen Hauseingangstüre, die vor vielen Jahren von unserem Freund Anastásios Topouzis als Gesellenstück in reiner Handarbeit gestaltet wurde. Die großen Augen rechts und links des Balkons sind die Fensteröffnungen des Schlaf- und Wohnzimmers und, wenn das Haus sich schlafend stellt, die zweiflügeligen geschlossenen Jalousieläden.
Kykladisch blau sind Fenster und Türen geschminkt, klassisch griechisch blau, mit dem Blau der seit vielen Jahren in Griechenland üblichen Farbbezeichnung „Asso", oder „Nr.1". Diese Namensgebung stammt noch aus jener Zeit, als in Griechenland an computergesteuerte Farbmischmaschinen nicht zu denken war. Hauptfarben waren in dieser Zeit das beschriebene Blau sowie ein zweiter Farbton, der einem Phthalogrün aus Schminckes Aquarellfarbkasten glich, der die „Nr.2" erhielt. Dazu gab es ein noch heute in Verwendung befindliches scheußliches Braun, dessen Verwandtschaft mit Sepiabraun man besser leugnen sollte. Zu diesen Farben gesellten sich auch noch ein merkwürdiges Gelb sowie Schwarz und normales Gelb.

Noch bis Ende der Siebziger Jahre konnte man sich glücklich schätzen, wenn man eine Büchse erstehen konnte, die nicht halbleer war. Meistens war der schon angebrauchte Inhalt mit einer dicken und zähen Haut bedeckt, die mit einem Schraubenzieher perforiert werden musste, damit man an die Farbe zu kam. Noch heute kann man die beschriebenen Auftragstechniken aus Restbeständen an einigen Tavernenstühlen, aber auch an einigen Kaíkis ablesen.
Zu diesem „traditionellen" Farbenpotpourri zählen auch die in Griechenland vorhandenen Kafeneion-Stühle und Kafeneion-Tischchen, deren Farbauftrag von seinen Besitzern aus allen ihm verfügbaren Resten aus angerosteten Dosen angerührt und zusammengemischt wurde.
Anstriche, die immer Mut, aber auch Sparsamkeit ausdrücken, jedoch nie Verzweiflung, auch wenn die Borsten des chinesi-

schen Billigpinsels auf dem getrockneten Lack des Stuhls eine seltene und nur in Griechenland beheimatete Strukturgestalt ergeben. Griechische Stühle sind deshalb auch unschwer als solche zu erkennen.
Nunmehr aber ist in Griechenland die Qualität der Farben europäisch standardisiert, und diese schenken dem Besitzer von Tisch und Stuhl nicht mehr den festen Glauben, dem wackeligen Stuhl durch mehrmaligen Farbauftrag die notwendige statische Festigkeit gegeben zu haben.

Unser Haus stellt sich etwas einfarbiger dar, nur in der vorösterlichen Zeit gestrichen mit dem weißen Kalkanstrich, dem in Griechenland üblichen Asvésti.

Farbenprächtiger zeigt sich der kleine Garten, der sich besonders in den Monaten Mai und Juni, im sich behutsam vollziehenden Übergang vom Frühlingsflor in den trockenen Sommer, das schönste Kleid anlegt. Er ist nicht groß, unser Garten, beinhaltet aber eine Fülle von Blumen und Nutzpflanzen, in einer Vielzahl von Formen, Farben und Düften, die mich im Gartenjahr von Februar bis Dezember mit Glück und Phantasie beflügeln.

Rosen in allen Farben. Weiß, Gelb, Rot und Rosa. Eine Gallica-Rose, eine der Urmütter der europäischen Gartenrosen, die mit ihren rosakarminfarbenen Blüten anspruchsvoll den Garten schmückt, mit einem unvergleichlichen Duft, der Sinnlichkeit weckt. Selten noch verführt heute in Griechenland der Gastgeber die Gäste mit im eingedickten Zuckersud eingekochten Blüten und Blütenknospen – die, mit einem Glas Wasser als Willkommensgruß angeboten, zum Verweilen einluden.

Oleander wächst im Garten, weiß, rosa und rot. Zitronen-, Mandarinen-, und Orangenbäume, Syrischer Eibisch, der mit großen lila Blütenkelchen und gelben Dolden, zusammen mit tiefroten Heckenrosen, in das Schlafzimmer eindringen will und im strahlenden Blau des Morgenhimmels und im blauen Rahmen des Fensters ein Bild des Friedens vermittelt. Bezaubernder und beglückender kann der Tag nach dem Aufwachen nicht beginnen.

Die zuvor beschriebenen sich prächtig entwickelnden Feigenbäume und der Walnussbaum wurden von Gláros gepflanzt und veredelt. Gláros, der Spitzname von Stammátis Kyriatzis, deshalb, weil er seit seiner Jugendzeit der Dachdecker des Dorfes war. Wie eine Möwe, eben wie ein Gláros, stand er während seiner Arbeit auf den Dächern.

Er war auch berühmt für den Bau kunstvoller Fallen für Singvögel, eine Fertigkeit, die noch von Vater und Großvater überliefert wurde. Davon, von einer für mich schwarzen Seite seiner Handwerkskunst, möchte ich aber hier lieber nicht berichten.
Pflaumen- und Sauerkirschbäume schmücken unseren Garten. Ein Granatapfelbaum mit feuerflammenden roten Zweigen, die wie ungekämmt und in voller Blüte wie ein brennender Dornbusch erscheinen. Das Laub ist hellgrün, damit wohl die Blüten heller und flammenhafter erscheinen. Die Blütenblätter sind durchscheinend und zart wie die Flügel eines Schmetterlings.
Beschrieben wird der Granatapfelbaum seit jeher als uraltes Sinnbild der leidenschaftlichen Liebe, die niemals Besitz ist.
Die Granatapfelfrucht, mit ihren aus der Schale hervorquellenden zahlreichen fleischigen Kernen, galt schon bei den frühen Griechen als Symbol der Fruchtbarkeit und des Lebens.

Dominant schmückt der büschelblättrige byzantinische Seidenrosenbaum mit seinen feingliedrigen Blättern und den hellvioletten seidenen Blütenköpfchen das kleine Blütenparadies. Er verzahnt sich mit dem üppigen Geranke der Trompetenblume, deren über Monate anhaltende Blütenpracht in leuchtendem Permanentrot vor dem blauen Ägäishimmel wie Flammenzungen erscheint.

Ein Lorbeerbaum wird in einem griechischen Tonkübel kultiviert. Dáphni nennt der Grieche diese Pflanze, deren Ursprung in der Mythologie herzzerreißend beschrieben und von mir hier als Auszug aus dem Buch von Hellmut Baumann „Die griechische Pflanzenwelt in Mythos, Kunst und Literatur" nachfolgend wiedergegeben wird:
„Daphne, Tochter des Flussgottes Ladon, hieß die von Apollo geliebte Nymphe. Sie war eine hübsche, wilde Jungfrau, und als Apóllo sie begehrte, flüchtete sie zu ihrer Mutter Gaia, die sie in einen Lorbeerbaum (*Laurus nobilis*) verwandelte.
Seitdem ist der Lorbeer dem Apollo heilig und diente ihm mit seinem kräftigen und aromatischen Duft auch als Mittel zur Reinigung. So erzählt die Sage, dass sich Apollo nach der Tötung des Drachen Python im noch heute lorbeerbewachsenen Tempetal reinwusch und mit Lorbeer bekränzt als gereinigter Sieger in Delphi einzog. Daher kündet der Lorbeer als Siegeszeichen Ruhm und Ehre an. Auch das älteste Heiligtum des Apollo soll aus Lorbeerzweigen erbaut gewesen sein (Pausanias 10.5.9)."

In Rabatten und Tongefäßen wachsen zartblau blühende Bleiwurz, die fleischigen und fülligen süß duftenden Engelstrompeten, ergänzt durch Veilchen- und Lavendelbüsche, Ringelblumenrabatten und Margeriten.
Der ganze bunte Farbenflor wird ergänzt durch den Duft von Salbei, Thymian, Majoran, verschiedenen Sorten von Pfefferminze, Kamille und Johanniskraut sowie dem herrlich duftenden Basilikum, das die Griechen das Königliche, wegen seines einmaligen und würzigen Geschmacks, nennen.
Der Oregano fehlt nicht. Jedoch nicht der aus der Antike bekannte Oregano Diktamus, der aber heute noch in Griechenland angepflanzt wird.
Diese Pflanze hieß auch »artemidion«, nach Artemis, der Göttin der Jagd, die mit ihren Giftpfeilen verwundete, aber auch mit dem Mittel heilte.
Mit Diktamus heilte Aphrodíti den trojanischen Helden Äneas von seinen Wunden.

Eine phantastische Geschichte aber stammt von Aristotélis, der uns überlieferte, dass Wildziegen auf dem kretischen Berg Ida von diesem Kraut fressen, wenn sie von giftigen Pfeilen getroffen wurden, worauf der Körper diese ausscheidet und die Wunden verheilen.
Heute werden diese Kräuter für den Benediktiner-Likör verwendet, oder es wird damit Wermut gewürzt.

Wenn man am fülligen blau blühenden Rosmarinstrauch vorbei – diesem Geschenk Aphrodítis an die Menschen – über eine Treppe, die von einer weiß gekalkten dicken Brüstung umwehrt ist, den mit dem dichten Rankwerk von Wein und Glyzinie umschlungenen Balkon erreicht, schaut man von oben auf einen betäubend duftenden Jasminstrauch mit tiefgrünem glänzenden Blattwerk und den kleinen weißen Blüten sowie die an der Fassade hochrankende Lornicera, deren zart gelbe Blüten das hölzerne Gesims des Daches erreichen und die an der Dachkante aufgesetzten Akrokeramídia berühren.

Haus und Garten bilden mit der Vielfalt der Botanik eine kleine Arche im Dorf Kalývia, da sie von Wegen und Sträßchen eingerahmt sind. Auf der Hinterseite des Hauses, nach Norden, wenn man aus dem kleinen Küchenfenster blickt, schaut man auf den kleinen einhundertfünfundfünfzig Meter hohen Hügel Mélissa. Mit dem Blick weiter nach rechts in nordöstliche Richtung erscheint die Hügelkette des achthundertneun Meter hohen Berges Ays Matis, über dem am Morgen das Frühlicht nach dem Sonnenaufgang strahlt, erster Eindruck über die sich entwickelnde Wetterlage für den neuen Tag.
Die schönste Ikone vermitteln die zwei direkt vor dem Küchenfenster stehenden Olivenbäume, deren zu Strähnen zerfaserte Stämme alten gebrauchten edelhölzernen Barbierpinseln ähneln. Das dichte silberne und wuchernde Blättergeäst, das die Stämme an Fülle und Umfang nur unwesentlich übertreffen, scheint der gerupften Dachshaarfüllung eben eines solchen Pinsels nahezukommen, dessen Haare nun nicht mehr aufrecht ste-

hen, und drückt die Müdigkeit der mehrhundertjährigen Bäume aus.
Die Bäume strahlen die Ruhe und Gutmütigkeit einer beleibten, vollbusigen und lebenserfahrenen, die Arme in die fülligen Hüften stemmenden Theia, einer griechischen Tante, aus.
Der Rahmen dieser Ikone ist der blau gestrichene Blendrahmen des Küchenfensters. Das Bild schließt sich am Abend, wenn die Pandsouria, die Fensterläden, wie die Pforten eines kleinen Tabernakels die Bäume bis zum nächsten Morgen aussperren.

Unser kleines botanisches Reich misst einschließlich der bebauten Gebäudefläche nur dreihundertfünfzig Quadratmeter. Dazu gehört auf der anderen Seite der Straße eine kleine Dependance von nur dreißig Quadratmetern, die wir unserer Nachbarin Aristoula Liókas zur Nutzung zur Verfügung gestellt haben. Sie kultiviert darin einen kleinen Gemüsegarten, aus dem wir dann und wann als nicht gewollten Pachtzins eine große Hand voll Melitsanes, Kolothikia, köstliche geschmackvolle Fleischtomaten, frische Petersilie und andere mediterrane Gemüseköstlichkeiten bekommen, die, von ihr morgens unter das Gartentor geschoben, unseren Vitaminhaushalt bereichern. Himmlisch war die von ihr zubereitete Marmelade von den Früchten des Pflaumenbaums, der auch in dem nun von ihr verwalteten Baktsé steht, aber nach einer undefinierbaren Krankheit für immer verschied. Als letzten Dienst wärmt er nun im Winter, in Scheite gespalten, die Wohnstube der Familie Liókas.

Ja, wir waren stolz auf unser Biotop, glaubten wir doch, das Ziel epochaler Gartenkunst erreicht zu haben, und meinten auch, mit den für uns exotischen Bepflanzungen ganze Klima- und Belichtungszonen, nämlich vom Subpolargebiet ins Subtropische, locker übersprungen zu haben.
Für uns schien die Sonne immer nur und ständig heiß und ausschließlich von ganz oben. Wir waren total von uns überzeugt, die deutschen Bauerngärten waren vergessen. Uns bestärkten auch die Stimmungen, die Goethe in seinen Römischen Elegien

wiedergegeben hat, und die ich nachfolgend, nur mit der Änderung eines Ortsnamens verfälscht, wiedergeben möchte:

> *O wie fühl ich mich in* Limenaria *so froh!*
> *gedenk ich der Zeiten, da mich ein graulicher*
> *Tag hinten im Norden umfing.*
> *Trübe der Himmel und schwer auf meine Scheitel*
> *sich senkte. Farb- und gestaltlos die Welt um den*
> *Ermatteten lag, und ich über mein Ich, des*
> *unbefriedigten Geistes düstre Wege zu späh'n,*
> *still in Betrachtung versank.*
> *Nun erleuchtet der Glanz des hellen Äthers die Stirne,*
> *Phöbus rufet, der Gott, Formen und Farben hervor.*
> *Sternhell glänzet die Nacht, sie klingt von weichen*
> *Gesängen, und mir leuchtet der Mond heller als der*
> *nordische Tag.*
> *Welche Seligkeit ward mir Sterblichen! Träum' ich?*

Nur vergaßen wir zunächst, dass die Insel Thasos im Einzugsgebiet der Balkan-Klimazone lag, erkennbar auch im Winter an den Bergen der Rodopen, dem Gebirgszug zwischen Bulgarien und Griechenland, die bei guter klarer Fernsicht von der Insel Thasos aus hinter dem Meer, dem thrakischen Pelargos, sichtbar waren.

Im Laufe der ersten Jahre der Besitzergreifung unseres Anwesens – Eigentümer war anfangs der Freund Jannis Vassiliadis, weil der Erwerb von Grundstücken und Gebäuden in Griechenlang zunächst verboten war – erwarben wir unzählige Fachbücher zum Thema der mediterranen Botanik, um die Vielfalt der für uns als Mitteleuropäer unbekannten Pflanzenwelt kennenzulernen. Doch dann kamen in der Euphorie die ersten Zweifel, ob die Üppigkeit und Vielfalt noch etwas mit künstlerischer landschaftsarchitektonischer Gestaltung zu tun hatte. War es doch mehr eine ungewollte und unkoordinierte Sammelwut?

Als Architekt hätte ich schon früher erkennen müssen, dass Louis Sullivans Architektur-Grundsätze der Organischen Einfachheit oder sein Satz „Form folgt Funktion", den ich während der Ausübung meines Berufs als Architekt eigentlich immer beherzigt hatte, auf einmal ad absurdum geführt wurden.

Dass die meisten angepflanzten Blumen und Strauchwerke nicht griechischen, sondern asiatischen Ursprungs waren, störte uns auch nicht, ebenso wenig, dass sie in der griechischen Mythologie weitgehend unerwähnt blieben, aber ein wenig befremdlich erschien es mir manchmal schon, dass ich meine Lieblingsblumen, weiße Margeriten und Kornblumen, total verleugnete, sogar den Rotdorn, dessen blühende Zweige meine Mutter mir immer zum Geburtstag im Mai schenkte. So ein Rosengewächs aus der nördlichen gemäßigten Zone gehörte für mich doch nun wirklich nicht in südosteuropäische Gärten.

Wir fühlten uns mit unserer Gartenplanung bestätigt, schauten und fragten doch vorbeiziehende staunende Touristen über den Gartenzaun und drückten fassungslos Bewunderung aus.

Auch für unsere Nachbarn war vieles neu, wie aus einer anderen Welt. Nur langsam bemerkten wir, dass ihre Fassungslosigkeit sich nicht auf unsere geistige Schöpfungskraft bezog und den Ideenreichtum, wie wir die Anlage gestalteten.

Wir registrierten zunehmend auch ein dezentes Kopfschütteln, was wir zunächst nicht einzuordnen wussten. Erst das öfters süffisante Lächeln unserer Nachbarin Panagióta Makédou, gepaart mit einem kräftigeren Kopfschütteln, klärte uns peu à peu auf.

Das alles sei doch kein Garten, unser Garten sei unnütz, tauge nichts, purer Luxus, der keinen ernährt. Alles unnütze Arbeit, Verschwendung von Dünger und kostbarem Wasser. Dafür mache man sich doch nicht die Hände schmutzig. Griechenland ist so arm wie der Boden, ein Land, in dem die Landschaft die Bedingungen diktiert, und die merkwürdigen Xéni bauen Blumen an?

Für die Thassioten, für unsere Nachbarn, war ein guter Garten nur ein Nutzgarten, ein Garten, in dem man Gemüse und Salate anbaut, Auberginen und Zucchini, Gurken und Kartoffeln und ein paar Küchenkräuter. Blüten geben auch der Salbei, die wild wachsende Kamille oder die sich auf dem Schutt selbst aussäende Ringelblume. Der Rosmarin bei uns im Garten zum Beispiel sei doch hässlich und gehöre sowieso nur auf den Friedhof.
Ich dachte an einen Gartenwettbewerb der deutschen Kleingartenvereinigung „Kolonie Radieschenglück" in Pöppinghausen, oder an die Prämierung des größten Kürbisses im Wettbewerb der Finsterwalder Kürbisfreunde. Unsere griechischen Freunde hätten nur mitleidig über soviel Dummheit gelächelt.
Für uns begann nun homöopathisch tröpfchenweise der Rückbau, schon allein deshalb, weil wir enttäuscht zur Kenntnis nehmen mussten, dass - gegen jede Vorstellung für uns - Frost in einer längeren Periode sogar die meisten Wasserleitungen im Dorf platzen ließ.

Keine Minute möchte ich unsere Nachbarn missen. Ich liebe sie, geben sie uns doch das Gefühl, nach den Zeiten, in denen wir zunächst nur Besucher waren, nun dazuzugehören.

Die steinalte Sotiría, die nie erfuhr, wann sie geboren wurde. Sie ist laut, bestimmend und befehlend, mit flinker Zunge. Die jungen oder arrivierten, so genannten modernen Griechen, die Städter, schämen sich ihrer. Sie verkörpert für mich das alte Griechenland, das langsam unwiederbringlich auszusterben droht. Ein Mensch, wie ihn Nikos Kazantsákis in seiner „Griechischen Passion" beschreibt. Ein Menschenschlag aus der griechischen Literatur eines Stratis Myrivilis, eines Aléxandros Papadiamantís oder Karkavitsas. Es sind Menschen, die einander lieben und hassen und das jedem offen vorleben. Heraus aus der Seele, heraus aus dem Mund, ich sag's, ich tu's, jetzt und sofort. Exo ap'ta dontia, heraus aus den Zähnen, sagt noch heute der Grieche, bevor er sich an einem seelischen Kloß im Hals verschluckt.

Einmal stand sie gegen Mittag vor meinem Gartentor, brachte mir warmes Essen. Ein dünnwässriger Kichererbsenbrei in einer kleinen abgestoßenen schmuddeligen Emaille-Schüssel. Hinzu kam nun Aristoula Liókas mit einem Teller voll herrlichem dampfendem Pastitio, einem Nudelauflauf mit Hackfleisch. Sotiria stieß Aristoula sofort mit dem Ellenbogen energisch fort. Sie solle verschwinden. Ich glaubte sogar » as to diál´ «, geh zum Teufel, gehört zu haben. Das Pastitio mache dick und schade meiner Gesundheit. Ob sie denn kein Mialó, kein Hirn hätte, ich sei doch herzkrank.
Einen Tag später sollte ich ihr einen Kochtopf reparieren. Ein undefinierbares Behältnis aus Aluminium, Jahrzehnte alt, so verbeult, dass die Standsicherheit nicht mehr gewährleistet war, der total verkrümmte Henkel war angebrochen. Ich sagte ihr, dass dieser Topf nicht mehr zu flicken sei, ich würde ihr gerne einen neuen schenken. Bevor ich mich aber weiter als Dummkopf geoutet hätte, der den Wert alter Dinge nicht zu schätzen weiß, habe ich dem Topf wieder mit Schrauben und Draht die orthopädische Stabilität gegeben.

Wenn Sotiría für mich die Verkörperung der Nemesis, der Göttin des gerechten Zorns, ist, so ist die fromme und eifrige Kirchgängerin Aristoula Liokas die Hestia, die Göttin des Herdfeuers und der Familieneintracht.
Aristoula, jene, die uns von den Pflaumen aus dem von ihr verwalteten Dependance-Garten die köstliche Marmelade macht.
Sie bestellt das Haus, die Gärten, bereitet das Essen für die Taverne ihres Schwiegersohnes Mathios in Limenaria vor, repariert Schläuche, Heizungen, sanitäre Anlagen, sie verputzt und betoniert. Eine typische Frau des Dorfes, der alles überlassen bleibt, die alles sieht und lenkt, wie ein Kapitän, jedoch ohne Mannschaft, nicht einmal mit einem Moses oder Smutje.
Ihr Mann Athanásios, ein gutmütiger lieber Mann, der keinem was zu Leide tut, über niemanden böse redet, schon deshalb nicht, weil er scheinbar nur in Schaltjahren den Mund aufmacht, ist ihr mit zwei linken Händen keine Hilfe.

Die Gesetze der Mechanik, die für die Funktion seiner Hände und Arme zuständig wären, werden nur sparsam für das Anheben von vollen Gläsern, Spielkarten und Tavli-Steinen umgesetzt. Alles geschieht langsam und in Zeitlupe. Während des Laufens könnte man ihm die Schuhe besohlen. Wie eine griechische Landschildkröte in der Morgenfrische bewegt er sich immer zu gleichen Zeiten in dieselben Richtungen, dreimal, am Morgen, mittags und am Abend zwischen seinem Bett und der Taverne „Triandamia" von Sotíri Berzamani.
Vermutlich ist es die Angst vor der Dominanz seiner Frau Aristoula.

Früh am Morgen, gegen acht Uhr schon, bereitet Aristoula das Mittagessen vor, und fast jeden Tag, wenn ich von der Arbeit aus den Ölhainen nach Hause komme, steht die köstliche griechische Hausmannskost warm verpackt auf der letzten Stufe meiner Treppe vor meiner Haustüre.

Bevor ich aber die Beschreibung meiner Nachbarn fortsetze, in der ich aus gutem Grund die Frauen immer zuerst erwähne, ein kleiner Exkurs zur Bedeutung der Frauen in Hellas.
Vor einigen Jahren noch fielen mit den Besucherströmen sozialromantische Touristinnen – vorwiegend aus den Vororten Tübingens und Castrop-Rauxel – in Griechenland ein, die damals auch von lästernden Zungen, nicht ganz zu Unrecht, als Sozialschrippen tituliert wurden.
Es waren jene Rucksackreisenden, die wie wilde Furien das Land belagerten und meinten, arme, unterdrückte und geknechtete Frauen befreien zu müssen.
Sie hatten nichts gemein mit der subtilen, intelligenten und anscheinend erfolgreichen Emanzipationsstrategie einer Alice Schwarzer.
Es waren wild gewordene Suffragetten aus der autonomen sozialistischen Bewegung, die sich wohl als militante Feministinnen darüber ärgerten, dass ausschließlich laut und wortreich gesti-

kulierende Männer die griechischen Straßen, Plätze und Kafeneion besetzten.

Dieser bekehrende Eifer erlahmte jedoch bald, weil sie sich anscheinend zu wenig mit der Rolle der griechischen Frau in der Gesellschaft befasst hatten. Deshalb konnten sie auch nicht wissen, dass die erste Griechin, die für die Rechte der Frauen kämpfte, Kalirho Parren, 1888 die erste Frauenzeitschrift herausgab und bereits 1920 den „Verein für die Emanzipation der Frauen" gründete.

In kaum einem anderen süd- und südosteuropäischen Land – nicht einmal in Deutschland, in Österreich und der Schweiz – beschäftigte man sich in den fünfziger Jahren auch filmisch so intensiv zum Thema Frauenemanzipation wie in Griechenland. Die 1955 und 1957 entstandenen Filme „Stella" und „Sonntags nie" (Potè tin Kyriakí) mit der großartigen Meíina Mércouri, der Film von Kakojánnis „Mädchen in Schwarz" von 1956, der die Unterdrückung der Frau auf dem Lande thematisiert, befassten sich mit dieser Problematik. Der Film „Die letzte Lüge" erregte besonders in England großes Aufsehen.

Was aber die missionarischen Eiferer gänzlich übersahen, war der Umstand, dass sie nicht wussten, dass das Mannsbild, das sich ihnen bot, das Ergebnis mütterlicher Instinkte darstellte, war doch der Knabe in Griechenland von Geburt an der Gott der Mutter. Der Phantasie und Vorstellungskraft, zu welchen Ergebnissen diese Erziehung führte, sind hier keine Grenzen gesetzt. Manna, férre Káltses, Mutter, bring die Socken, schreit noch heute Stamátis, auf dem Stuhl sitzend. Mutter rennt, bringt die Socken und zieht sie kniend ihrem 25-jährigen Kronprinzen an. Ein noch heute nicht seltenes Ritual.

Ein weiterer Grund für die Niederlage der ausländischen Aktivistinnen ist eindeutig auch – wie schon in einer anderen Erzählung von mir beschrieben – der Umstand, dass sich Griechen nach hunderten von Jahren der Unterdrückung und der Gänge-

lung nichts sagen oder aufzwingen lasen, schon gar nicht von bekifften und rastalockigen Ausländern, die, auch noch oben ohne badend, von griechischen Frauen – wenn auch mit verschobener Zielrichtung – gesteinigt werden.
Sie sind freundlich zu Gästen und freuen sich über das Geld, das aus dem Touristenstrom ins Land fließt, aber man freut sich auch, wenn die Besucher wieder gehen.

Das Kafeneion ist zweifelsfrei die beherrschte Bühne des griechischen Machos, der aber im Haus von seiner Frau bei Unartigkeiten mit dem Nudelholz begrüßt wird, so wie vermutlich auf der Insel Patmos.
Wenn man dort ein Haus betreten will, sollte man sich tunlich an die Frau des Hauses wenden. Die älteste Tochter bekommt nämlich das Elternhaus als Mitgift zur Hochzeit, und die Eltern ziehen in ein neues Haus, das ihnen der Sohn bauen muss.

„Patmos" heißen auch die Zeilen Hölderlins, die er nach dem Vorbild pindarischer Oden schrieb:

> *„Nah ist*
> *und schwer zu fassen der Gott ...*
> *wo aber Gefahr ist, wächst*
> *das Rettende auch.*

Die Rettung war vermutlich Hera, die starke First Lady des Olymp, die die Oswald-Kolle-Jünger vertrieb, die nun wohl nie erfahren werden, dass Griechenland doch seit der Antike von starken Frauen, von Göttinnen, beherrscht wurde.

Nächst Aristoula und Thanassis, ein Haus weiter, lebt meine Nachbarin Déspina mit ihrem Mann Spiros, auf der Insel Limnos gebürtig, also Xénos, Fremder, sowie mit den Kinder Maria und Babis.
Déspina erinnert mich an Laskarína Bouboulina, den Philhellenen bekannt als große Freiheitskämpferin, die, in einem

Gefängnis von Konstantinopel geboren, als Frau des Dimitrios Yiannouza auf der Insel Hydra eine reiche Frau wurde.
Als ihr zweiter Mann, ein Kaufmann, Schiffseigner und Kapitän – ebenfalls ein Krösus – 1811 von algerischen Piraten ermordet wurde, übernahm sie selbst die Geschäfte und sogar später das Kommando des Kriegsschiffes „Agamemmnon".
Ihre Rolle im Freiheitskampf gegen die Osmanen war spannend und packend.
Sie verkehrte auch in den höchsten gesellschaftlichen Kreisen und übernahm zudem wichtige diplomatische Dienste. Ein Bild von 1827 von Friedel zeigt sie nicht als kämpfende Walküre, sondern als hübsche und elegant gekleidete Frau in der Zeit des europäischen Biedermeier.
In meinem Nou jedoch sehe ich sie als Fahnen schwingende Anführerin, die ihre Mitstreiter mit wilder Gestik zum Kampf anführt, wie die französische Marianne auf dem Bild von Delacroix „La Liberté guidant le peuple".
Damit erschöpft sich auch schon der Vergleich mit Despina. Wenn die schwingende Fahne gegen einen schwingenden Besen eingetauscht würde, kämen wir aber dem Charakterbild Despinas näher.
Sie ist eine starke Frau von kräftiger Gestalt, ein wenig lasziv, mit rauer und durchdringender Stimme. Mit Kommandos in lautem Stakkato hält sie ihre Familie zusammen und ihren Mann kurz. Ihr herrschender und barscher Kommandoton lässt dann ebenso die Nachbarn erzittern.
Die minutenlangen Gardinenpredigten, an ihren Mann Spiro und an den Sohn Babis gerichtet, werden von ihr ohne Scham, ohne Punkt, Komma und Pausen lauthals, auch draußen vor der Türe und für alle Nachbarn verständlich, inszeniert.
Ihre Reinlichkeitshysterie lässt sie mehrmals am Tag die gleichen Stellen fegen und aufwischen.
Ihre Waschtage sind Rituale. Auf ihren Wäscheleinen hängen sauber und akkurat drapiert, in Reih und Glied, wie mit dem Zollstock gemessen, mehr als zwanzig Unterhosen von Spiro, alle gleicher Marke und gleicher Form, nach dem Trocknen

dann Unterhemden mit Arm, dann ohne Arm, dann Oberhemden und so weiter, und immer wie in der langen Phalanx einer Schlachtordnung König Philipps von Makedonien. Hier soll den Nachbarn mitgeteilt werden: Bei mir herrscht Ordnung.

Despina und Spiro haben ein schweres Leben. Ihre Tochter Maria ist von Geburt an geistig behindert und körperlich entstellt, der Sohn Babis leidet unter massiven Zwangsneurosen und fällt für den Zuerwerb aus.
Spiro ist Hilfsarbeiter und arbeitet bei der staatlichen Forstverwaltung auf der Insel. Er ist ein vielseitiger Handwerker, der die Partituren der meisten Berufsparten kennt. Geistig und physisch beweglich. Ein Grieche.
Ich erschrecke auch heute noch, wenn der Name Spiro mehrmals am Tag schneidend und laut über unsere kleine Platia donnert, um ihm den nächsten Handschlag anzuordnen. Noch nie habe ich von ihm ein Wort des Widerspruchs gehört.
Mir war es nie vergönnt, den ruhigen, besonnenen, immer hilfsbereiten sympathischen Spiro zu einem Kaffee einzuladen. Seine Frau schmetterte regelmäßig meinen Wunsch, den ich natürlich ihr selbst vortrug, mit der Bemerkung ab, dass Spiro keinen Kaffee trinke und schon gar nichts in einem Kafeneion zu suchen hätte. Der arme Mann schaute mich nur schüchtern und achselzuckend an.
Ich sehe das Schauspiel immer aus der neutralen Ecke, hinter dem Grün unseres Gartens, und ab und zu auch am Gartentor. Dort hängt nicht selten eine Plastiktüte mit vielen frischen Hühnereiern, oder ein für mich extra gebackener goldgelber Cake, … guten Appetit wünschen Despina und Spiro.

Elisabeth von Dryander, eine weltweit gereiste Frau, viele Jahre Leiterin der Goethe-Institute in Palermo und Lyon, bereiste viele Jahre intensiv Griechenland.
In ihrem Buch „6 mal Griechenland" beschreibt sie die griechischen Frauen als unabhängiger, urteilskräftiger und intelligenter

als die Frauen der mediterranen Nachbarländer. Sie seien von hinreißender wacher Intelligenz und großem Lerneifer. Es würde ihnen nicht einfallen, lebensnotwenige Entscheidungen und Existenzkrisen ihren Männern zu überlassen, obwohl sie sich aus Klugheit – nicht aus Bequemlichkeit – den Traditionen beugen.

Meine liebe Nachbarin, unsere gute Kalliopi, aber wurde gebeugt, gebeugt in Depressionen, wie gesteinigt viele Jahre von ihrem nun bereits verstorbenen Mann Jannis, und gequält von zwei rabiaten Söhnen. Der ältere ist Lehrer an der Grundschule, der andere verdient sich seinen Lebensunterhalt als Kellner in Tavernen und anderen fragwürdigen Etablissements, in denen unter anderem bulgarische Frauen ohne offizielle Arbeitsgenehmigung ihren Unterhalt verdienen müssen. Kalliopi, früher voller Lebensfreude, kontaktfreudig, angenehm geschwätzig. Sie hatte uns Bilder gezeigt aus der Zeit, als sie als Gastarbeiterin in Deutschland, in Nürnberg arbeitete. Eine junge, sehr hübsche Frau mit sehr schönen weichen Augen. Nun ist sie seelisch krank. Apathisch sitzt sie auf dem Balkon ihres Hauses und wartet auf die beleidigenden und erniedrigenden Wutausbrüche ihres jüngsten Sohnes, der das halbe Dorf in seine an Obszönitäten reichenden Demütigungen für seine Mutter mit einbezieht.
Es ist zu hoffen, dass ihr mit Psychopharmaka betäubter Geist dieses unwürdige Schauspiel nur als flüchtiges und entferntes Schattenspiel aufnimmt.
In der Ruhe nach diesen Stürmen, mehr auf- als angeregt, trillerten dann ihre Kanarienvögel. Nun aber, nach dem ungebetenen Besuch von Krähen auf den Volieren, herrscht betretenes Schweigen.

Auch betroffen von diesen Szenen sind die Nachbarn Ermióni und Sotíris mit den Kindern Lizza und Kóstas.
Seit Jahren beginnt sie in aller Herrgottsfrüh um fünf Uhr mit dem Putzen in zwei Banken im Dorf Limenaria, um, nachdem

sie den Mitarbeitern den Frühstückskaffee serviert hat, um zehn Uhr den Rückweg nach Kalývia anzutreten.
Sotiris, der zurzeit das Glück hat, einen kleinen Job als Hilfsarbeiter im Tyrokomeion, in der hiesigen Käserei und Molkerei zu haben, ist Besitzer eines schon in die Tage gekommenen Lastkraftwagens, der in Europa wohl kaum noch als motorbetriebenes Fortbewegungsmittel bezeichnet werden dürfte, und dessen Blechhaut an den meisten Stellen sogar schon den ersten werkseitigen Grundierungsanstrich durchscheinen lässt.
Zusammengehalten wird die ganze Fünftonnerkiste scheinbar nur noch von selbstklebenden Flyern von Motoröl-, Jeans- und Versicherungsfirmen und von Aufklebern mit hellblonden Pinup-Girls.
Mit diesem Vehikel fährt Sotiris zweimal wöchentlich auf das Festland, um je nach Saison Heu, Kartoffeln, Stroh, Mais oder sonstiges Nützliches einzukaufen, das er dann im Dorf an die hiesigen Ziegen- und Schafhirten verkauft. Von früh bis spät ist er unterwegs, um mit dem spärlichen Erlös die Familie zu unterhalten, und um das zweite Geschoss seines Hauses errichten zu können, als Mitgift für seine Tochter Lízza.
In der vorösterlichen Zeit verdrahtet er auf der Ladefläche seines Lasters großflächige und verrostete Armierungsgitter, damit die Schafe und Ziegen, die er von den Weiden weit abseits zum Schlachten in den Schlachthof von Limenária holt, nicht vom Fahrzeug stürzen. Er selbst beteiligt sich in dieser Woche als Tagelöhner an diesem Gemetzel, bei dem selbst einem robusten europäischen Kontrollveterinär der Amtsstempel aus den Händen fiele.
Das unkontrollierte Schlachtgut wird dann bis nach Athen geliefert.

Ja, und dann gibt es schon wieder die nächsten Nachbarn mit den Vornamen Evangelió und Giorgios, jedoch mit einem bedeutenderen Nachnamen aus der Botanik. Kyparissíou. Je nach Betonung des I, ob auf dem ersten oder dem zweiten I, bedeutet dies die Zypresse, oder der Zypressenhain. Doch Vor-

sicht mit der genauen Aussprache der Namen für Ausländer mit deformierten Griechischkenntnissen, denn „ ton pígane sta kyparíssia" bedeutet: Sie trugen ihn zu Grabe. Giorgios Kyparissíou ist schon lange mehrfacher Großvater und von früh bis spät sehr lebendig ständig auf Achse.
Tagelöhner, Bienenzüchter und Paragogós, also Hersteller köstlichen Bienenhonigs. In der Zeit von Februar bis Mai pflegt er für andere die Olivenbäume in den Hainen bis zum Bergdorf Kastro. Im Tagelohn von 10 000 Drachmes gibt er den Bäumen den richtigen Schnitt und sichert damit den Besitzern der Ölbäume einen guten Ertrag. In den übrigen Monaten pflegt er seine Bienenstöcke, die je nach Saison oder Ertragserwartung nicht nur auf der Insel Thasos, sondern bis an die bulgarische Grenze, am Fuße der Rodopen, deponiert und gepflegt werden.

Kostas, Jannis, Giorgios, Panagiotis, und das in nächster Nähe im Sechserpack.
Ständig stößt man auf diese Namen, die für einen Fremden oft nicht auseinandergehalten werden können. Die Namensgebung erscheint einem Ausländer fantasielos.
Da es üblich ist, den Kindern den Namen der Großeltern zu geben, wobei die Großeltern väterlicherseits den Vorrang haben, wiederholen sich die Namen sehr oft. Wenn das Neugeborene noch ein Junge ist, beginnt der große Ärger.
Die Eltern kommen nicht darum herum, dem Kind den Namen des Großvaters zu geben, wenn der Großvater gerade gestorben ist. Gerade bei zweiten und dritten Nachkommen wollen die Großeltern mütterlicherseits auch in der Ahnenliste vertreten sein und ihr Recht haben.
Um dem großen Ärger aus dem Weg zu gehen, nennen die Eltern das Kind bis zur Taufe, die nach einem Jahr stattfindet, einfach Béba (Baby), oder Mikré (Kleines).
Wenn aber eine Großmutter es wagen sollte, das Baby mit ihrem Namen anzusprechen, z.B. „meine kleine Jannoula", dann ist die Familienfehde auf ewig vorprogrammiert.

Auf unserem kleinen mit Wein und Trompetenblumen umrankten Balkon, wie auf einer Kommandobrücke eines Schiffes sitzend, vor mir das wie vor dem Bug dieses Boots sich nach Süden hin zuspitzende Grundstück betrachtend, fehlt lediglich das Meer direkt davor, um der Phantasie noch das letzte Detail zu geben, man steuere eine bunte Arche im Ozean.
Ein unbeschreibliches Glücksgefühl durchströmt mich, wenn ich an die Tage denke, als sich der Wunsch entwickelte, nach fast zwei Jahrzehnten die Rolle des Besuchers mit der Rolle des Dazugehörigen eintauschen zu wollen.
Dankbarkeit verbindet uns dann mit unseren Freunden Eleni und Stelios Stratigendas, und mit Anastasios und Despina Topouzis, die uns Vertrautheit und Geborgenheit vermittelten.
Meinen Freund Stelios hatte ich schon in meiner kleinen Geschichte „Die Schafe des Pater Evdókimos" erwähnt.

Das Gefühl aber, ein Teil ihrer Familie zu sein, verdanken wir Déspina und Tásso.

Durch ihre Vermittlung konnten wir zunächst Besitzer, dann Eigentümer dieses Hauses werden, welches sich zunächst wenig farbig darstellte und den maroden Charme eines kleinen Anwesens zeigte, dessen Bewohner schon lange nicht mehr in der Lage waren, dem Haus so viel Pflege angedeihen zu lassen, dass es sich zumindest einmal im Jahr, in der österlichen Zeit, im weißen Ostergewand, also frisch weiß gekalkt, zeigen konnte.
Die letzte Besitzerin, Zaza Eleni Tsolakis, über 83 Jahre alt, immer nur auf dem kleinen griechischen Archipel Thasos zu Hause und nun dem Sterben nahe, wurde von unseren Freunden Despina und Tasso in ihrem kleinen Häuschen direkt am Meer in Pflege genommen.
Bald darauf starb Zaza, und Despina und Tasso erbten nun das Anwesen, als Dank für ihre hingebungsvolle Pflege.
Da Jahre zuvor viele durch unsere Freunde vermittelte Kaufabsichten gescheitert waren, fanden wir mit diesem kleinen Häuschen in Kalyvia etwas, was wir mit unseren eigenen Ideen wei-

ter gestalten konnten. Tasso und Déspina verkauften uns das Grundstück.
Mit Hilfe des damals einzigen Notars auf der Insel, Konstantinos Kapollas, vieler Familienmitglieder und zwei mir unbekannter Zeugen, die von der Straße geholt wurden, überreichten wir den Kaufpreis von 5 Million Drachmes sofort in bar, der damals einem Wert von ca. 23 000 Mark entsprach.
Nach der Zeremonie erschraken wir und wurden kreidebleich, als man uns „kalo risiko" wünschte. Der Feinheiten der griechischen Sprache nicht mächtig, vermuteten wir spontan, dass man uns zu verstehen geben wolle, dass dieser Kauf nun doch mit einem großen Risiko behaftet sei. Die Erklärung, dass dies jedoch „Viel Glück" bedeute, ließ Hals, Stirn und Handflächen allerdings sofort wieder trocknen.

Zaza Elenis Mann, der Jahre zuvor gestorben war, den ich aber persönlich nie kennengelernt habe, fand ich auf einem Foto wieder, das ich selbst einmal aufnahm. Immer wieder zog mich die Stimmung vor unserem altehrwürdigen Kafeneion „Papajannis" an, vor und in dem die Dorfälteren müßiggängerisch und Dreistühle benutzend ihren Feierabendzeremonien nachgingen. Dort saß auch regelmäßig Zazas Mann beim Kartenspiel und zum Politisieren.

Heute hängt ein großes Foto in unserem kleinen Salóni. Ein typisches altes griechisches Studiobild eines jener griechischen Fotografen, die damals mangels technischem Knowhow mit Retuschen arbeiteten. Das Foto ist in einem der scheußlich braun gestrichenen profilierten Holzrahmen gefasst, den ich nur deshalb nicht umgestrichen habe, damit auch dem kleinsten historischen Detail nicht sein authentischer Bezug genommen wird.
Nun schaut er uns von der Wand herab an, auf einem Stuhl sitzend, im rechten angewinkelten Arm majestätisch eine Zigarette haltend, in der alten historischen Kleidung jener Jahre, auf dem Kopf die Fessi, angelegt eine Kappa aus grobem dunklem

Tuch, in weißen Strumpfhosen und den stabilen ledernen Schuhen mit dem dicken schwarzen Bommel auf dem Schuhspann, den historischen Tsarouchas.

Das Brückchen in Kalyvia
Η γεφυρουλα των Καλυβιων

Nicht weit vom Kirchlein Agios Georgios entfernt liegt also unser Haus. Nicht ganz im Zentrum, etwas peripher, sozusagen im Bereich der Hintertüre des Dorfes, womit die Größe meines Dorfes als kleine gemütliche Behausung für ca. 500 Kalyioten schon fast beschrieben wäre.
Unser Haus wird erreicht, wenn man die Straße von der Platia vor der Kirche wieder zurückläuft und vor dem kaum wahrnehmbaren Brückchen, dessen Scheitelhöhe kaum 30 cm beträgt, links abbiegt.

Aufsehen erregt das Brückchen nur durch die beidseitigen markanten Betonbrüstungen, die ein Abstürzen in eben diese Tiefe von 30 cm verhindern sollen und so breit sind, dass kaum ein kleiner Lastwagen die Überwegung passieren kann, war das Bauwerk doch nur zum Überqueren von Mensch, Ziege und Schaf erdacht. Durch die seit vielen Jahren obligaten vorösterlichen weißen Kalkanstriche, die die Brücke zum Strahlen brachten, entstanden sanfte weiche Rundungen, die diesem Bauwerk etwas Kykladisches gaben.

Die Brüstungen wurden vor zwei Monaten abgestemmt, damit nun – fast anderthalbspurig - nicht nur Lastfahrzeugen, sondern auch selbstmörderisch fahrenden Motorradmachos genug Spur zur Verfügung steht.

Die Brücke hat schon längst ihre bedeutungsvolle Bestimmung verloren. War es vorher das Tagwasser, das sich unter der Brücke zu einem reißenden Strom entwickeln konnte, so übernimmt die kleine Konstruktion heute eine neue, nicht unbedeutende Funktion.
Spätestens dann muss die Brücke ernst genommen werden, wenn die Aristoulas, die Panagiotas und die Despinas entweder mit dem sargähnlichen hölzernen Waschzuber oder aber schon

mit elektrischen Waschmaschinen ihre Schmutzwäsche behandeln. Die Waschmaschinen haben selten einen Schlauch, der zu einem Abflussrohr führt. In Ermangelung desselben ergießt sich nun das schäumende Nass zuammen mit den Laugen aus den Waschzubern über die schlecht betonierten und bröckeligen Gassen und Wege und sammelt sich zu einem Strom unter der Brücke, die eher das Ergebnis schlechter glyptomaner Betonierkunst ist und nicht die Absicht andeutet, Tag- und Schmutzwasser auf die richtigen Wege zu führen.

Nicht nur die auf den Leinen fein und akkurat nach Größe und Farbe geordneten langen, mittellangen und kurzen Unterhosen, Unterhemden, Oberhemden und Kniewärmer ihres Apoll sowie die eigenen aphrodisierenden zarten Wäscheteile zeugen von der Reinlichkeit kalyviotischer Hausfrauen und Haushalte, sondern auch die Strömungsgeschwindigkeit des Bächleins, das sich zu einem Urstrom entwickeln kann.
Insbesondere dann, wenn auch noch das Auto nach einer Behandlung mit einem ganzen Paket Waschpulver abgeduscht wird und zudem nach einer nicht angekündigten stundenlangen Wassersperrung der im Gemüsegarten nicht geschlossene Wasserschlauch sich in der Nacht plötzlich ungeahnt selbst in Betrieb nimmt, dann zumindest wird man sich wieder der Aufgabe und der Bedeutung des Brückenbaus bewusst. Dann wird der Bach zur weißen wild schäumenden Pracht, aus der aber nicht die schaumgeborene Aphroditi aufsteigt, denn bereits nach wenigen Metern versickert alles in der Nähe eines mit vermoosten Plakes verkleideten unbenutzten Ziegenstalls.

Der vielleicht mit den Sorgen und Nöten des Alltags beladene und deshalb mit Ouzo geladene Kalyviote wird des Nachts das Brückchen sicher überschreiten können. Ihn führen wie die Hände des Erzengels Gabriel die neuen modernen, mit lösungsmittelhaltigen Farben aufgestrichenen Leitstreifen über den tosenden und schäumenden Bach, oder vielleicht auch Pater Evdokimos selbst.

Am Lakkos
Στο Λάκκο

Nichts erinnert mehr an den strömenden Regen der letzten Tage des sich langsam verabschiedenden Winters. Ein Regen, der den Fluss Megálos Lákkos – oder auch Kastron Lakkos genannt - für Mensch und Tier, aber auch für viele Fahrzeuge zu einem unpassierbaren Strom entwickelte.

Am Fuße des 1206 m hohen Ypsárion wird er gefüllt durch die aus den Quellen der Hügel Tsoukida und Kordéli sowie durch die am Fuße des Ypsarion-Massivs sich entwickelnden Bächlein Frankou Lákkos und Langáda und anderen umliegenden Quellrinnsalen.

Alle diese kleinen plätschernden, mit Farn und Frauenhaar umsäumten Feuchtoasen, die sonst den Müßiggang pflegen und keine weiten Wege gehen wollen, fühlten sich plötzlich gestört durch den Gewitterregen, vergaßen, dass diese Schauer doch auch immer ihr Quell sind. Sie grollten, schlossen sich zusammen und flohen wütend und erbost über diese scheinbare Wasserkonkurenz den weiten Weg nach Limenaria, um dort in der salzigen Umarmung des Meeres aufgenommen zu werden.

Nur langsam, nach zwei bis drei Tagen, kommt der Fluss zur Ruhe, und sein noch winterlicher ungestümer Habitus verliert sich dann in frühlingshafter Sanftmut. Das Nass besucht in den Monaten April und Mai nur noch selten das Flussbett, und sein Ausbleiben lässt in den Monaten Juli bis September alles verdorren.

Und trotzdem, auch in größter Trockenheit entfalten viele Pflanzen, selbst in Meeresnähe, ihre schönsten Kleider, wie die Dünen-Trichternarzisse, die Dornnelken oder die Meerzwiebeln.

Am schönsten in dieser Sommerdürre entwickeln sich die Büsche des Mönchpfeffers in einer wunderbaren Palette von

Blaufarben bis hin zum Enzianblau. Diese Sträucher säumen beidseitig das trockene Flussbett des Megálo Lákkos, von Limenaria am Meer bis hinauf in das Bergdorf Kastron.

Jetzt aber, in den Monaten März bis April, beginnt die Zeit des Erwachens, die Zeit der Anástasi, der Auferstehung, die österliche Zeit. Es ist die Zeit des schöpferischen Frühlings, die Zeit, in der die Sonne den Saft aus den Blättern der Kräuter entzieht, und diese einen Duft entwickeln, der nur in der Levante so intensiv wahrgenommen werden kann. Die Luft um einen herum ist aromatisiert mit Thymian, Minze und Melisse. Am Rande des Lakkos zeigen sich die ersten grünen zarten Spitzen des Salbeis zwischen den immergrünen Rosmarinsträuchern, die die ersten veilchenblauen Blüten tragen.

Mit zunehmender Wärme, mit jedem Sonnenstrahl entfalten sich prall die Stimmbänder des Zikadenmännchens, dessen durchdringendes Zirpen als Liebeswerbung die Weibchen bezaubern will. Nur die Männchen besitzen solch ein gewaltiges Stimminstrument, mit dem sie sich ununterbrochen bei der Angebeteten eindrucksvoll Gehör verschaffen.

Der Fluss ist nun an den Ufern für mich der Weg mit dem Ziel, den Olivenhain von Ligià zu erreichen, in dem ich einige Bäume beschneiden möchte.
Das Flussbett, mal sandig, mal steinig, ist durchsetzt mit den Wurzeln des sich wieder üppig entwickelnden Busch- und Strauchwerks und dem kräftigen Wurzelwerk der Ölbäume und Platanen.
Weg und Fluss verzahnen sich zu einer Landschaft, die besetzt ist mit Ölbäumen, Pinien, Platanen, Nussbäumen, Maulbeer- und Myrtenbäumen, mit Kermeseichen und den Erdbeerbäumen, dem hochwüchsigen Heidegewächs, das im Spätherbst dann gelbe bis scharlachrote erdbeerähnliche Früchte entwickeln wird.

In der Sonne wärmen sich die ersten Landschildkröten. Über allem im klarblauen ägäischen Himmel die komponierenden Nachtigallen, die interpretierenden Amseln sowie das Dulce Jubilo der Stieglitze. Durch den Gesang der Vögel mit dem Zirpen der Zikaden wird alles arkadiengleich. Es berauscht die Sinne und macht trunken vor Glück.

Für mich ist nun Arkadien keine Fiktion, kein poetisches Traumland mehr, das im Kopf des römischen Dichters Vergil entstand, als er um das Jahr 42 v. Chr. an seinen Hirtengedichten schrieb. Inmitten der Ziegen und Schafe mit ihren Läutewerken ist alles um mich herum nicht länger eine bukolische Phantasie.

Der Fluss, nun aber gezähmt, fließt mir auf seinem Weg nach Limenaria eher als Rinnsal entgegen und begleitet mich nach Osten auf meinem Weg nach Skepastó, um dann doch irgendwo vor der Ankunft im Dorf zu versiegen.

Auf meinem Weg am frühen Morgen hat das kleine Flüsschen die Sonne im Rücken seiner Laufrichtung. Pergolengleich wird es umrahmt von einer Aura glänzender Schimmer im strahlenden Licht. Es rauscht dort kräftiger, wo sich das Wasser den Weg zwischen titanweißen Marmorblöcken sucht und ein wenig abfällt, plätschert dort im Geröll von Steinen und Kieseln und sucht still seinen Weg im Sand unter dem weit ausladenden Astwerk stämmiger uralter Platanen.

Über Kástron nach Ligiá
Μεσο Καστρον προς Λιγια

Der knapp fahrwegbreite, unbefestigte und nach Nordost führende Weg nach Skepastó-Ligiá ist immer noch nicht von dem von der Gemeindeverwaltung beauftragten Vassilis Kyriótis mit seinem schweren Räumgerät von Gestein und Geröll befreit worden, das der Lakkos Kastron nach den sintflutartigen Regenfällen hinterließ.
Gerade deshalb ist er jetzt ein friedlicher und ruhiger Wanderweg, da man nun, ohne einem Fahrzeug zu begegnen, die Natur ungestört mit allen Sinnen genießen kann.

Das Bergdorf Kastron wird jedoch seit vielen Jahrzehnten durch einen anderen, breiteren unbefestigten Landweg erschlossen, der, in ungefähr einem Kilometer Entfernung und parallel zum Lakkos gelegen, über die Hügel von Palaiókastron und den 595 Meter hohen Berg Stefánia führt.
Dieser Landweg wird von all denen benutzt, die mehrmals in der Woche ihren Landsitz oder ihre Häuser im Bergdorf Kastron besuchen.

Ich vermeide stets die Anreise nach Kastron über den zuletzt beschriebenen Weg, ist diese Straße im Sommer von Touristen doch so stark befahren, dass der Wanderer mehrmals von den Staubkaskaden der überholenden Autokarawanen so dick überpudert wird, dass er die Farbe der Straße und somit auch die Farbe der vorbeiziehenden Schafe annimmt und dann von den Lenkern der Blechkisten übersehen wird.

Der von mir bevorzugte Wanderweg nach Skepastó-Ligiá, der von dort weiterführend auch das Bergdorf Kastron erschließt, wird fast ausschließlich von den Eseln und Mulári sowie von den wenigen Fahrzeugen der Imker, Schäfer und Olivenbauern benutzt und dann auch nur eingehender und besser repariert, wenn die Olivenernte Anfang November beginnt.

Ein glücklicher Umstand auch die Tatsache, dass dieser Weg nur von Kennern unter den Touristen benutzt wird, oder aber von Ornithologen, die die Lebensweise der Bienenfresser, die hier auf Thasos besonders häufig anzufinden sind, erforschen.

Auf dem Weg erschließen sich dem Auge die an den Hügeln gelegenen, meist kreisrund angelegten Mandríes mit den Bestallungen für Ziegen und Schafe sowie den kaum mannshohen kleinen Kalyven für die Hirten, in denen meist auch ein kleiner Kamen angelegt ist. In diesen einfachen Kralen werden die Tiere für das Melken zusammengetrieben. Hier werden die Sommerfütterungen vollzogen und der köstliche Ziegen- und Schafkäse aus der Rohmilch hergestellt.

Vom Hauptweg führen kleine Pfade zu den sehr alten Metochis, ehemalige kleine und größere Klostergut-Dependancen des Heiligen Berges Athos. Meist befanden sich diese am Rande bewaldeter Parzellen, in denen natürliche Quellen das notwendige Wasser für Mensch und Tiere boten.

Hier lebten die Einsiedlermönche, oder aber auch Nonnen, weitgehend autark, standen ihnen doch durch kunstvoll angelegte Gärten alle möglichen Obst- und Gemüsesorten zur Nahrung zur Verfügung. Darüber hinaus wurden kleine Flächen für den Anbau von Getreide und Mais kultiviert.

Durch den Weinanbau, die Kultivierung von Ölbäumen und die Herstellung von Olivenöl, aber auch durch die Haltung von Ziegen, Schafen und Federvieh, waren die Vorratskammern für alle Monate des Jahres gefüllt.

Nach und nach jedoch verließen die Mönche um die Jahrhundertwende die Metochis, und diese wurden zum großen Teil an zahlungskräftige Privatpersonen in Pacht gegeben oder aber auch verkauft.

Die Metochis sind nun auf der Insel Thasos verfallen. Dort jedoch, wo das Wasser aus noch nicht versiegten Quellen für ständig grüne Oasen sorgt, werden weiterhin von einigen Bauern aus Limenaria kleine Gärten angelegt. Stämmige uralte Olivenbäume stehen dann im fetten, grünen Gras und geben noch Zeugnis vom Reichtum dieser ehemaligen Klostergüter, die auch bei großer Trockenheit in den Monaten Juli bis September kühle und erfrischende Rast erlauben.

Ich laufe nun den Hauptweg nach Nordosten hinauf, wo er zwischen der kleinen Kapelle Agios Stratís und dem Hügel Stavrós, den Lakkos wieder kreuzend, nach rechts zum großen Bergdorf Theológos abbiegt.

Von diesem Abzweig bewege ich mich nun nicht in die Richtung Theológos, sondern laufe weiter geradeaus nach Norden auf einem breiten Pfad in einer dicht mit Pinien bewachsenen Furt, die den Namen Kamin´remma trägt, und die rechtsseitig vom 513 Meter hohen und ebenfalls dicht bewaldeten Hügel Buono und linksseitig von einer 492 Meter hohen und steilen Anhöhe flankiert wird, auf deren Plateau das Bergdorf Kastron angelegt wurde. Auch hier begleitet mich der Fluss entgegenkommend.

Im Schatten des Pinienwaldes, in Lichtungen, am Ufer des Lakkos oder aber im dichten sattgrünen Farn stehen wieder vielhundertfach die vielfarbigen Bienenkästen wie ausgestreute bunte Kinderbauklötze in der Landschaft und lassen diese wie einen Kindermärchen-Wald aussehen.

Dazwischen stehen vereinzelt die ehemals weißgekalkten Bruchsteinhäuschen, die Kalyves der Imker, mit den kleinen hölzernen Türchen, die so niedrig waren, dass man mehr kriechend als sich bückend, geschweige denn aufrecht eintreten konnte.

Diese sehr kleinen, mit grauen und inzwischen vermoosten flachen Granit-Bruchsteinen eingedeckten Behausungen, in denen immer ein kleiner offener Kamin eingebaut ist, zerfallen zunehmend und sind oft nur noch als Ruinen zu erkennen, die aber der Phantasie noch die Möglichkeit geben, sich das Wohnen, oder besser das Hausen, detailgerecht vorzustellen.

Ein Schlafgestell befand sich darin für ein bis drei Personen, bestehend aus einem Gestell aus roh gezimmertem Astwerk, darauf eine Strohmatratze mit einer Hülle aus Juteleinen.
Man bedeckte sich in der Nacht, oder an kühlen Tagen, mit selbstgewobenen, naturfarbenen Flokatis.
An den Wänden hing an rostigen Sechszoll-Nägeln der spärliche Hausrat, bestehend aus einem alten verbeulten Aluminium-Kochtopf, einem emaillierten Bríki zum Kaffeekochen, zwei bis drei Trinkgläsern, drei Tassen, drei bis vier tiefen Porzellan-Tellern, Löffeln, Messern und Gabeln.

Nie fehlte eine kleine Plastikflasche mit Olivenöl, auch zum Auffüllen des Kandili, des kleinen metallenen Behälters, in dem ein mit Olivenöl getränkter Docht die kleine Flamme trug, die eine Ikone mit hellem Glanz beschenkte.
In manchen armen Hütten fand man jedoch nur ein angeschlagenes altes Trinkgefäß vor, welches man mit Öl füllte, auf dem ein Kandilinavtis, ein kleiner Docht, in einem kleinen Schiffchen schwamm.
Manchmal stand vor der Ikonostase auch ein so genanntes Livanistipáki, ein kleiner mit Weihrauch gefüllter, aus Messing kunstvoll geschmiedeter Behälter.

Während meiner Wanderungen in den Bienenweiden mit dem aus Kleinasien stammenden Honigweisen und Fassmacher Michail Topouzis hatte ich natürlich oft die Gelegenheit, in so einem Hüttchen zu übernachten. Mir war nie ganz wohl in den Nächten, hatte ich doch immer das Gefühl, von Spinnen, Ameisen, Asseln, Mauergeckos oder sogar von Skorpionen bekrabbelt zu werden. Schlaf fand man nur nach schwerer körperlicher Arbeit.

In den mittlerweile fast entkernten Kalyven erinnert nun nichts mehr an meine in den siebziger Jahren durchgeführten Wanderung mit Michail und seinem Kumbáros Jannis.
Die Esel Marco und die Mulari, die meistens Marika hießen, werden nun von Mazdas, Toyotas und Nissans abgelöst, oder von den alten klapprigen Unimogs aus den sechziger Jahren von Panagiotis Tsinis oder Thanássis Mavromoustákis.
Die Mühsal, Gerätschaften und Lebensmittel oder die Erträge der mühevollen Arbeit mit Esel und Mulari zu transportieren, bleibt nun allen dank dieser modernen Hilfsmittel erspart.

Was ich aber beim Anblick dieser Ruinen sehnsuchtsvoll vermisse, sind die damaligen Bräuche, die auch in Vergessenheit geraten. Ich denke zum Beispiel an die Rituale, wenn man Freunde während ihrer Arbeit in den Kalyven besuchte und ihnen die üblichen Gastgeschenke mitbrachte. Das Päckchen Papastrátos-Zigaretten der Marke »Asso«; die politisch links Stehenden bevorzugten die Marke »22«, Ikossidío. Dazu ein Päckchen frischen Cafés der Firmen »Ananiádis« aus Kavalla oder Papagállos, im Sommer eine frische Karpusi, eine Wassermelone, damals noch die riesengroßen, schweren und unhandlichen Karpusi Amerikano.
Man unterbrach die Arbeit, nahm freudig die kleinen Geschenke entgegen, und bei einem Café Tourkiko – das durfte man damals noch sagen – wurden Neuigkeiten oder der Klatsch, der Koutsoboulió, ausgetauscht.

Ich erinnere mich noch sehr genau an meine Besuche bei meinem Freund, dem Bienenzüchter Panagiótis Tsínis, der eine mit dem alten Unimog, der so langsam über die vielen Kilometer im ersten Gang fuhr, dass man während der Fahrt die Radmuttern hätte anziehen können.

Während des Honigschleuderns im September verbrachte er mehrere Tage mit seiner Frau Laskarína in einer kleinen Lichtung im Wäldchen nahe dem Wasserfall Apostólou unterhalb von Kastron. Gekocht wurde auf einer alten verrosteten blechernen Kochmaschine, die im Freien unter einer Pinie stand, mit einem verbeulten Ofenrohrstummel, der gerade so lang war, das der Rauch nicht störend um Nase und Augen vorbeiströmen konnte. Am Baum hingen mehrere farbige vergilbte Plastikflaschen mit frischem Quellwasser, mit jenen Kapáki, also Schraubverschlüssen, die nie richtig verschließbar waren. Das Klo ließe jeden Ökodesigner das Skizzenbuch zücken. Auf der anderen Seite des Monopáti, an einem steil abfallenden Hang, steht immer noch jene hundertjährige Platane mit einer vom Erdreich bis in 2,50 Meter Höhe reichenden Öffnung, die den Einstieg in den hohlen Stamm ermöglicht. Mit starkem unbearbeitetem Astwerk und mehrzölligen rostigen Nägeln wurde ein Sitz gezimmert, dessen ergonomische Gestaltung im wahrsten Sinne des Wortes den natürlichsten Sitzkomfort bot, wenn diese ungewohnte Bequemlichkeit nicht durch strömenden Regen oder vor der Öffnung stehende und glotzende Ziegen und Schafe bisher nicht gekannte Scham auslöste.

So lernte ich bei ihnen eine Wohn- und Lebensstil kennen, den ich mir nach der Lektüre von Robinson Crusoe gewünscht hatte zu erleben.

Nach dem Tod seiner Frau Laskarína hat Panagiótis der Lebensmut verlassen. Verwaist ist nun auch der Ort.

Seit den großen Bränden auf der Insel Thasos in den Jahren 1985, 1986 und insbesondere 1989, denen fast zwei Drittel der bewaldeten Flächen zum Opfer fielen, und die somit auch die Grundlagen der Imkerei zunächst vernichteten, ist eine Vielzahl

von neuen Zufahrtsflächen angelegt worden, die die Insel in allen Richtungen durchkämmen und nun fast zu jeder Hügelspitze führen.
Zusätzlich wurden in die Flächen der Macchia zwanzig bis vierzig Meter breite Schneisen gerodet. Wenn man die Insel mit der Fähre anfährt, sehen die Hügel wie ein unter der Fönhaube geparkter Frauenkopf aus, bei dem die kreuz und quer angelegten Lockenwickler die kahlen Scheitel bilden.

Auf meinem Wanderweg von Limenaria sind diese Maßnahmen nicht so sichtbar. Dafür gibt es weiterhin die alten Durchwegungen, die in einer letzten mir vorliegenden Kartierung der Nato aus dem Jahr 1970 noch ausgezeichnet sind.
In dieser Karte sind alle Wege und Pfade so topografisch genau dargestellt, dass davon auszugehen ist, dass diese Verbindungen von den Dörfern zu den Mandries und Quellen, zu den Ziegen- und Schafpferchen oder aber zu den Bienenweiden und Olivenhainen die alten ausgetretenen Pfade für Ziege, Schaf und Esel waren.

Einer dieser Pfade würde nun am Hügel Makria Ráchi, Weiter Rücken, vorbei über Melissargía, bis zum 726 Meter hohen Berg Fengári und weiter bis zum höchsten Berg der Insel, zum 1150 Meter hohen Ypsárion, führen.
Ich jedoch biege an dem kleinen zuvor beschriebenen Wasserfall Apostólou, den 513 Meter hohen Vounó links liegend lassend, ab, und erreiche nach einer weiteren halben Stunde Fußmarsch das Bergdorf Kastron.

Kastron war in früheren Zeiten das Dorf in den Bergen, das den Bewohnern Schutz vor fremden Eindringlingen wie zum Beispiel Piraten bot. Das Dorf mit seiner versteckten und isolierten Lage bot Einsicht in die Täler und zum Teil auch auf die Küste. Bis zu 650 Meter fallen die Felswände schroff in die Tiefe. Von drei Seiten stürzen die Wände des Bergmassivs ab.

Deshalb auch baute der Genuese Umberto Grimaldi dort eine Burg, der er den Namen Neocastrum gab.
Drei Kirchen sind noch erhalten. Die schönste ist die in der Dorfmitte gelegene Kirche Agios Athanássios. An der Südwand ist das Familienwappen der Adelsfamilie Gattelusi zu erkennen. Die Familie erhielt 1414 vom byzantinischen Kaiser die Insel Thasos als Geschenk.

Nachdem die deutsche Bergbaugesellschaft Speidel Anfang des 20. Jahrhunderts auf der Insel Eisen, Blei und Zinkspat fand und abbaute, verließen die meisten Bewohner das sichere, aber unbequeme Dorf und ließen sich in Limenária oder in meinem Heimatdorf Kalyvia nieder. Limenária trug zu dieser Zeit noch den türkischen Namen Hamedié.

Nach einer Rast bei Freunden trete ich am Nachmittag den Rückweg nach Kalyvia an. Nicht aber über die steinigen Wege, die zum Bergdorf Mariés führen, sondern über einen Pfad, der in keinem Kartenwerk verzeichnet ist.
Westlich vom Bergdorf laufe ich in südwestlicher Richtung unterhalb des 595 Meter hohen Stefaniá auf einem serpentinenreichen Weg auf meinen Olivenhain in Skepastó zu, der etwa oberhalb des Kastron-Lakkos zwischen den Bergen, dem 449 Meter hohen Petrotó und dem 399 Meter hohen Péfkon, den die Einheimischen Kasáni nennen, eingebettet ist.
Vorher passiere ich jedoch das kleine Anwesen, das auch dem Imker Panagiótis Tsinis gehört. In der kleinen Parzelle der Gemarkung Korákia befindet sich ein mit Bruchsteinen gemauerter Stall für Ziegen und Schafe. Aber die größte Überraschung in dieser trockenen staubigen Einöde sind die innerhalb des einfachen Holzzaunes stehenden Feigen-, Nuss-, Pfirsich– und Apfelbäume. Eine grüne Oase in dieser kargen Spätsommerlandschaft, gespeist durch das Wasser aus einem nicht weit entfernten Quell.

Auch von dieser Anhöhe bietet sich ein traumhafter Anblick auf die umliegenden Hügel.
Die Olivenbäume stehen in den Hainen geordnet, bisweilen in einer Reihengeometrie, in der rotbraunen Erde, umrahmt von Einzel- oder Reiheneinfriedungen aus Bruchstein, Rundstein oder Marmor.

Vom felsigen Gipfel senkt sich die Landschaft erst über ein stark abschüssiges, mit Pinien, dann mit Macchia besetztes Gelände, um anschließend sanft in die mit Ölbäumen besetzten Haine abzufallen.
Unten fließt rauschend in weichen Bögen der Lakkos Kastron.

Die harmonische Verknüpfung von ägäischem klarem Himmel, von Meer und Bergen, von Wald und grünen Tälern hat Thasos mit einer der bezauberndsten Landschaften Griechenlands beschenkt.
Gerade diese Lage zwischen Aleppokiefern, Pinien, Platanen, Nuss- und Mandelbäumen, Maulbeer- und Myrtenbäumen sowie einer Fülle von Obstbäumen, dazu die rotbraune mit Wasser haltendem porösem Schiefer- und Kalkboden durchsetzte Erde, lassen die Ölbäume so gedeihen, dass das gewonnene Olivenöl eine Gaumenfreude von höchster Qualität verspricht.

All das passt so gar nicht in das Bild aus Beschreibungen zweier Autoren, die doch über Griechenland faszinierende Bücher geschrieben haben. Hellmut Baumann zum Beispiel schreibt in seinem Buch „Die griechische Pflanzenwelt in Mythos, Kunst und Literatur", dass die griechische Landschaft ihm den Eindruck öder Kahlheit biete, und – so glaube ich bei Erhart Kästner gelesen zu haben – er verglich Griechenland, aus dem Flugzeug gesehen, mit einer abgebalgten Katze. Nun, hier ließe sich die Insel Thasos mit der kargen Kykladeninsel Delos vergleichen. Wenn aber, wie es der Mythos verkündet, Apollo auf

Delos im Schatten einer Palme geboren wurde, muss Delos wohl auch einmal mit üppigem Grün geprotzt haben.
Thasos jedoch war schon immer grün.

Aus meinen mythischen Träumen weckt mich Mákis Metaxás mit einem lauten Bik-Bik seines Agrotikó, seines klapprigen Nissan-Pick-ups.
„Ela, pame sto xorió mas gia ena Ouzo", „Komm, lass uns in unser Dorf fahren, auf einen Ouzo." Ich steige ein, nehme Platz auf einem Sitz aus zerfetztem Schaumstoff; das Armaturenbrett ist dick mit Staub bepudert.
Bis ich mit Mákis in einer halben Stunde in Kalyvia angekommen bin, haben Körper und Kleidung den penetranten scharfen Geruch alter Ziegenböcke angenommen.

.

Paparounes und Zistrosen
Παπαρουνες και λανδανια

Als wären sie von der Natur geknüpfte, in die hügelige Landschaft dicht an dicht, mal in erdigen, mal in farbigen Mustern ausgelegte Kelims, stehen die knorrigen und zerfurchten Stämme der Olivenbäume in den Hainen zwischen den Bergen Kasáni und Petrotó.
Dicksträhnig gefasert drehen sich ihre mit dunklen Löchern durchsetzten Stämme in knorrigen und wulstigen Drehungen nach oben und schieben das Geäst in die Runde. Über dem silbergrünen Blattwerkschirm breitet sich das Blau des klaren ägäischen Himmels aus.

Dort, wo das Grün vor der Fresssucht der Ziegen und Schafe mit einem einfachen Holzzaun geschützt ist, strahlt ein Meer von krapplackroten Mohnblumen in der gleißenden Sonne.
Hohes Gras verschleiert die im Halbrund unter den Ölbaumkronen sorgfältig von Hand gemauerten Natursteinmauern, die trocken im fallenden Gelände an den Regentagen das rare Nass für die Bäume speichern sollen.
Die unbehauenen, unbearbeiteten, mit Moosen, Flechten, Mauerpfeffer, Hauswurz und Zimbelkraut durchwachsenen Steine sind Heim für Mauerechsen und Springspinnen. Nicht selten sind die Steinumwehrungen auch Ruhezonen der Blindschleichen, die in Griechenland eine Länge bis zwei Meter haben können, sowie für Wiesen- und Sandottern.

Die Rand- und Kronensteine dieser Pesoúlia werden durch die Ziegenherden meistens zerstört. Auf den Hinterbeinen balancierend, fressen die Tiere die Spitzen des jungen Astwerks der Olivenbäume ab und schaden dabei den Mauern, deren Steine sich wie aus einem Pithári ausgegossen auf dem abfallenden Gelände eingraben und mit der Erde wieder verwachsen.

Wie mit einem zarten Aquarellpinsel aufgetupft, blühen auf dem erdfarbigen Teppich Zistrosen mit rosavioletten oder weißen Kronenblättern, die immer – wie die Blütenblätter des Granatapfelbaums – zerknittert und wie ungebügelt aussehen. Aus ihrem Zentrum leuchten die kadmiumgelb gepuderten Fruchtknoten.

Ein Harz, das sich auf den Blättern und Stängeln der Zistrosen absetzt, findet noch heute in der Parfümerie Anwendung. Die Alten verwendeten das kostbare Harz zur Herstellung von Salben und Tinkturen.

Herodot wunderte sich über die Art der Gewinnung des Harzes, habe es doch den schönsten Geruch, obwohl es aus dem übelriechendsten Ort stamme, nämlich aus dem Bart des Ziegenbockes.
Tatsächlich streifen die Ziegen die klebrige Flüssigkeit auf den Weiden mit ihren Bärten ab, von man das Produkt abnahm und auf Holzstängelchen knetete.
Im Mittelalter geschah das Einsammeln des Harzes von der kretischen Zistrose in der Weise, dass Mönche mit einem rechenartigen Instrument, an dem Lederstreifen befestigt waren, über die Pflanze strichen, sodass sich das Harz an den Bändern festsetzte und abgenommen werden konnte. Dies geschah in der Mittagshitze, weil dann das Harz wie kristallklarer Tau von den Blüten der Zistrosen ausgeschwitzt wurde.

Der griechische Arzt Dioskuridis schilderte schon im ersten Jahrhundert nach Christus in seinem Arzneimittel-Lehrbuch „De Materia Medica", das für mehr als anderthalb Jahrtausende das grundlegende Arznei-Buch blieb, die Gewinnung dieses Harzes im Sommer.

Der bunte Naturteppich wäre nicht ausreichend beschrieben, ließe man neben den Zistrosen und den Paparoúnes, eben dem feurigen Mohn, die Farbenpracht der Anemone unerwähnt. Die profanen und gewöhnlichen Namen Kuhschelle, Küchenschelle und Hahnenfußgewächs werden diesen zarten Frühlingsblumen nicht gerecht, und man sollte dankbar sein, dass doch ein einsichtiger Gefühlsmensch deutscher Zunge den Blumen auch den Namen Windröschen und Alpenwindröschen schenkte.

Viel behutsamer und fantasievoller gehen die Griechen – zumindest bis heute die Älteren – mit dem Adonisröschen um. Die Legenden um diese Blume sind so reizvoll, dass einer der allerschönsten Teile dieser Mythen hier wiedergegeben werden sollte.

Nach der Geburt aus einem Myrtenstrauch wurde Adonis von Aphrodíti aufgenommen und Perséphone übergeben. Auf Geheiß des Zeus verbrachte Adonis zwei Drittel des Jahres auf der Erde bei Aphrodíti und ein Drittel bei Perséphone in der Unterwelt. Als Adonis durch einen Eber starb, vergoss Aphrodíti ebenso viele Tränen, wie Adonis Bluttropfen gelassen hatte, und aus jeder Träne spross eine weiße Rose und aus jedem Bluttropfen ein Adonisröschen.

So überliefert es uns der Dichter Bíon aus dem 2. Jhrdt. n. Chr. Möglicherweise sprossen aus den Blutstropfen aber auch Anemonen, da diese in Griechenland viel häufiger anzutreffen sind als Adonisröschen.

„Anemoni", der Wind, nannten schon die Alten diese in zahlreichen Arten vorkommende liebliche Pflanze, die mit ihren verschiedenartigen Blütenkelchen in Purpur-Lila alljährlich den Frühling verkündet, aber ebenso schnell wieder verschwindet, sodass sie ein Symbol der rasch verblühenden Jugend wurde, wie diese durch den viel zu früh verstorbenen Adonis verkörpert wird.

Nun sitze ich zum Schutz vor dem gleißenden ägäischen Licht und der Hitze im Zikadengesang unter einem meiner Olivenbäume und gebe mich den mittäglichen Träumereien hin. Ich meine, die Flöte Pans zu hören, und glaube, um mich herum den rauschenden Tanz der Nymphen wahrzunehmen.

Aber tatsächlich bemerke ich vor mir im Gras eine Orchidee, eine Kori, oder Melissa, wie der griechische Volksmund sagt.

Die Bienenweiden des Aristotelis Papamichail
Τα βοσκηματα του μελισσιου του Αρις Παπαμιχαιλ

Das ganze farbige, kompositorische Werk der thassitischen Natur wird durch die bunten kubischen Bienenkästen bereichert, die Kypseles, die Arbeits- und Wohnstuben der Bienenvölker, die ein- oder zweifachig, hundertfach in Reihe und Glied oder aber auch nur unordentlich unter den Olivenbäumen, ebenso jedoch im Farndickicht der Pinienwälder aufgestellt sind.

Jeder Bienenzüchter, oder Honigparagogós, bemalt seine Bienenkästen in den Farben oder Geometrien seines persönlichen Geschmacks.
Die Waben befinden sich auf den inneren beweglichen Rähmchen. Dieses System ist eine Erfindung des Naturforschers, Geheimen Rats und königlich-sächsischen Oberlandforstmeisters Gottlob Franz August Adolph Freiherr von Berlepsch aus dem Jahr 1851. So hat sich nun ein Sachse, was hier bestimmt niemand weiß, um die griechischen Imker verdient gemacht.

Der köstliche Thasos-Honig gehört seit Jahrhunderten – neben dem Marmor, den Oliven und dem Olivenöl – zu den besonderen Spezialitäten meiner Insel.
Mit Honig werden die grünen Feigen, aber auch die mit der dicken grünen Schale eingekochten Walnüsse als köstliche Süßigkeit dem Glikó Koutalioú, dem Gast, als Willkommensgruß angeboten.

Bevor ein Wanderer im Herbst in den Bienenweiden den Finger zu einer Probeentnahme in die Schleudertonne steckt, sollte sein Geschmacksnerv durch Wissenswertes ausgereizt werden, damit sich der Verzehr von Honig ins Lustvolle steigern kann.

Die Kunst, Bienenvölker einzufangen, ihren Standort zu bestimmen und sie zuchtmäßig zu hegen, war im griechischen Raum bereits vor Homer bekannt.
Mykenische Schriftzeichen sprechen vom Honig in Amphoren, also doch in sehr großen Mengen, als Zuteilung an Personen oder als Opfergabe an die Götter.
Den Toten gab man Honigkuchen für den Höllenhund mit. Im Totenorakel von Acheron fand man große Mengen von Honig, Opfergaben, die als Reste nach dem Brand des Heiligtums durch die Römer erhalten blieben.

Ambrosia war die Speise der Götter, die Unsterblichkeit verleihen sollte, Nektar der süße Honigtau, an dem Götter sich labten.
Auf Kreta, auf dem Berge Ida, ernährten die Ziege – oder auch Nymphe – Amalthea sowie die Biene Mélissa den jungen Zeus mit Milch und Honig.

Nicht nur den Göttern, auch den Menschen war in alter Zeit der Honig einziges Mittel zum Süßen und damit wichtiger Bestandteil ihrer Ernährung.

Der arkadische König Aritaios, Sohn des Apollo und der Nymphe Kyréne, von dem Kentauren Chíron auf dem wald- und blumenreichen Pilion erzogen, soll als Erster die Menschen den Honigbau gelehrt habe.

Der Kýprier Aristómachos befasste sich 58 Jahre lang mit dem Leben der Bienen und verglich sie mit den Menschen. Sie haben ein geselliges Leben, stellte er damals schon fest, d. h., eine eigene Verfassung, einen eigenen Herd, einen eigenen Besitz, üben Gerechtigkeit aus und werden monarchisch regiert, sie sind fleißig und tapfer, äußerst reinlich und meiden Fleischkost wie strenge Pythagoräer, die sich mit Milch und Honig begnügen.

Durch unseren Nachbarn Aristolelis Tsiknas findet man diese These, dass fast ausschließlich Brot und Honig Leib und Seele zusammenhalten, weitestgehend auf nachahmenswürdige Weise bestätigt. Wenn man eben zu Brot und Honig auch noch mit einem Glas Milch – bis vor wenigen Jahren noch bevorzugt Ziegenmilch – sein Frühstücksmenü abrundet. Bis heute, über siebzigjährig, ständig vom Morgen bis zum Abend, bei Wind und Wetter mit seinen Bienen beschäftigt oder aber beim Schneiden der Olivenbäume in Lohnarbeit, hat er sich so viel jugendliche Frische bewahren können, die ihn befähigt, die Rolle des mehrfachen Großvaters vergessend, mit dem pfauenhaften Gebaren eines Jungpalikaren die Aufmerksamkeit einiger Touristenblondinen auf sich zu ziehen. Sie werden wie Bienenwachs unter seinen Schmeicheleien.

Auch das Bienenwachs hatte eine große Bedeutung, verwendete man es doch auch zur Erzeugung des Glanzes der marmornen Säulen, um Krüge zu schließen, oder um Schiffsplanken abzudichten.

Ikarus' Federflügel, die dem Höhenflieger zum Verhängnis wurden, als er über Sizilien zu hoch gegen die Sonne hinaufstieg und abstürzte, waren mit Bienenwachs zusammengefügt.

Die Gefährten des Odysseus ließen sich angesichts des betörenden Gesangs der Sirenen die Ohren mit Wachs verstopfen, was viele Menschen auch heute noch veranlasst, diese historische Tat erfolgreich mit Ohropax aufleben zu lassen.

Kein Geringerer als Odysseus übrigens opferte den Göttern der Unterwelt Honig und Milch, als Kirke ihm deutete, die Seele des Sehers Teiresías nach seiner Ankunft zu befragen.

In der homerischen Dichtung sind Begriffe wie „süß" und „lieblich" vom Wort Honig abgeleitet, nämlich Méli, und das griechische Wort „Mélissa" war der Ausdruck für feinste Dichtung. Auf Pindars, Sophokles' und Platos Lippen sollen sich Bienen gesetzt haben und ihrer Dichtkunst Ausdruck und Klang verliehen haben.

Was aber wäre der Spaziergang auf diesem farbenprächtigen Landschaftsteppich ohne das Rauschen der Baumkronen und des Baches und ohne das tausendfache Gesumme der Bienen.
Es ist eine sinnliche Zügellosigkeit und - man möge es mir hier in Griechenland verzeihen –, eine orientalische Üppigkeit. Wie aus Tausendundeiner Nacht scheint es mir, wenn man unter einer Platane verweilt und den Chören der Vögel lauscht.
Stieglitze mit leuchtend roten Gesichtsmasken und leuchtend gelbem Flügelspiel. Pirole, Wiedehopfe, Dompfaffen, Bachstelzen und die geselligen Bienenfresser, die mit ihren abwärts gebogenen Schnäbeln und mit ihrer einzigartigen Farbigkeit nicht selten auf Thasos zu finden sind. Sie alle bereichern mit ihren Farben und mit ihrem Klang das kleine thassitische Paradies.

Herausragender Interpret jedoch, der mich auf meinem Weg nach Skepastó begleitet, ist die Nachtigall.

> *„.... noch füllen je mit dem Chor der Nachtigallen alle Laute des Vorfrühlings einen Wald, ohne das du mit mir dorthin wandertest ..."*

sang Sappho.

Von früh bis spät, über viele Monate überzieht der Gesang der Callas der Lüfte die Landschaft.

Ich wünschte mir, auch auf meine Lippen würden sich die Bienen setzen, damit ich diese überwältigenden Eindrücke adäquat beschreiben könnte.

Ziegen und Schafe
Κατσικια και προβατα

Die Kunst, sich selbst zu gehören, ist vor meiner Kalyva sitzend nicht möglich. Zu intensiv ist das tägliche Szenario, das sich vor meinen Augen bewegt.
Das Rauschen des Windes, das Rauschen des unten am Abhang fließenden Lakkos und in den Baumkronen der sanfte Luftzug, der die silbriggrünen Zweige der Ölbäume bewegt, auf denen sich farbige Schmetterlinge lautlos niederlassen. Der Gesang der Chöre der Stieglitze und Nachtigallen, die nur vom lauten Gekrächze der Krähen und Möwen unterbrochen werden, die Frische des nahen Meeres, der sanft strömende Geruch der Macchia, der sich mit dem Duft von Rosmarin, Salbei und wildem Thymian vermischt. Es ist ein Fest der Sinne und Farben. Das Licht kreiert sanfte Impressionen. Fast fühlt man sich dem Irdischen enthoben.
Vor mir mein Elaiónas, mein Olivenbaumhain, die Bäume eingerahmt im Halbrund der Bruchsteinvermauerungen, die bei Regen nicht nur das Wasser, sondern auch die Erde vor den Bäumen halten und einen Zugewinn durch abgeschwemmte Erde bringen sollen.

Die ständigen Nacharbeiten an diesen steinernen Pesoulis machen viel Mühe und erfordern Geschick, und zwar ein Gegenstück jenes Geschicks, das Ziegen entwickeln, wenn sie beim Diebstahl des satten herabhängenden Blattwerks immer für einen gleichbleibenden Schnitt am Kronenende der Bäume sorgen, während sie mit langgestreckten Hälsen, auf den Hinterläufen und auf den Mauerkronen balancieren und dabei die oberen Lagen des Umfassungsmauerwerks abbrechen.

Beim Betrachten der Ziegen denke ich an Eupolis. Er, ein Zeitgenosse Aristophánis, schrieb die Komödie » Die Ziegen «. Diese Komödie – ich habe sie in einer anderen Geschichte erwähnt - ist uns nicht mehr erhalten geblieben. Wir wissen

jedoch aus mündlichen Überlieferungen, dass in ihr das ruhige Leben einer Ziegenherde dem hektischen Leben gegenübergestellt wird.
Vor zweieinhalbtausend Jahren gab das Stück der bukolischen Welt der Ziegenhirten den Vorrang vor dem perikléischen Alltag.
Auf den Menschen wartet die Zeit nicht, aber für die Ziegen steht sie still.

Eine Schafherde zieht vorbei, und das Blöken der Mutterschafe vermischt sich mit den schrillen Stimmchen der kleinen, erst vor wenigen Tagen geborenen Lämmer, die auch während des Marsches zum Mandrí ständig ungeduldig in den weichen Leib der Mutter stoßen, um sie zum Stehen zu veranlassen, damit sie ihren Durst stillen können.
Wehe, wenn sie sich in der Adresse geirrt haben. Ein kräftiger abweisender Stoß lässt das junge Lamm nun für kurze Zeit zu einem armen, verstoßenen, bitter und schrill plärrenden Waisenkind werden.

Um die Mittagszeit, wenn die Sonne am höchsten steht, kündigt das Geläut das Nahen weiterer Ziegenhirten an, die am Fuß des Olivenhains den vom Quell des Berges Kasani gespeisten Brunnen besuchen wollen.
Lauter ist das Geläut der Ziegenglocken als das der Schafglocken, die auch wesentlich größer sind. Eine kleine gegossene Glocke mit Klöppel bildet den Klöppel einer bisweilen aus starkem Kupferblech von Hand getriebenen größeren Glocke.
Alle Glocken und Glöckchen vereinigen sich wie in einem großen Orgelschlussakkord zu einem rauschenden Finale, dirigiert durch die schrillen Pfiffe des Tsombános, des Schäfers.
Schafe und Ziegen verschmelzen dann am Brunnen zu einem prächtigen farbigen Bild.
Neben den Farben Schwarz und Weiß eröffnet sich eine Palette von erdigen Naturfarben, wie aus einem Da-Vinci-Aquarell-

Farbkasten. Umbra, Ocker, Sepia, Sienna und Terra Pozzuoli, und das wieder alles miteinander vermischt.

Anders als bei den Schafen, die ständig mit demütig gesenktem Kopf zur Tränke oder zum Mandrí trotten oder mit dicht an dicht hängenden Köpfen im Schatten einer großen Platane oder im Schatten eines Erdwalls wie leblos etwas Kühle suchen, blitzen aus den Augen der Ziegen Schlauheit und Verwegenheit.
Der Kopf bleibt immer in Bewegung, immer auf der Suche nach etwas Fressbarem. Kein Halm, kein noch so kleines Blatt bleibt ihnen verborgen, alle Hindernisse scheinen überwindbar.

Nach dem Stillen des Durstes kehren die Herden zurück und durchqueren wie die Horden Etzels unseren Olivenhain. In unserem kleinen geschlossenen, mit an Kastanienpalukia befestigtem Drahtgeflecht geschützten Kalyviabereich fühle ich mich von der Herde eingekreist, ja belagert. Wir werden angestiert von wiederkäuenden stehenden und niederliegenden Ziegen, die die Mittagshitze lähmt.
Wie gerne würden sie in die kleine grüne Oase einbrechen.

Es ist erstaunlich, dass jeder Ziegenhirte trotz ihrer Farbenvielfalt jedes Tier – auch unter vierhundert Tieren – genau kennt.

Wenn sie die Farbe von Zimt haben, heißen sie Kanélla. Wenn sie überall grau sind, Músika. Corba sind die Schwarzen, Rúsa jene, deren Fell glänzt wie heller Mokka. Chóna nennt man die weißen Ziegen und Kókkina die Rotbraunen und Liobrítsa die Bunten. Aber es gibt noch mehr Namen. Wenn die Ziegen bis zur Brust weiß sind und dann schwarz, heißen sie Sába, bis zur Brust schwarz und dann weiß, Bártsa. Búsika-Ziegen sind schwarz und braun, Psára sind taubenblau und schwarz, Seba-Ziegen haben winzige Ohren und sind bunt. Chumiri sind schwarz und ein bisschen weiß am Hals. Iosa sind schwarz und haben Streifen um die Nase. Drina sind rot und schwarz.

Ich hoffe, dass diese Beschreibungen, die ich irgendwann einmal von den vorbeiziehenden Hirten Jannis, Angelos, Giorgios, Panagiotis und Metaxás erfahren habe, auch lexikonreif sind.

Sie sollten es doch wissen, zumindest jedoch viel besser als jene überall in Griechenland, die sich als Bäcker, Post- oder Bankangestellte oder als Lehrer an Grundschulen und Gymnasien vor ihren Türen der Wohnungen oder sogar in der Nähe ihrer Arbeitsstätten vier bis fünf Schafe halten, nur, um in den nicht unbeträchtlichen Genuss von Subventionsgeldern zu gelangen, die die Europäische Union bisher für Kleinbauern zur Verfügung stellt, auch wenn es nur so viel ist, dass man damit einmal monatlich eine Paréa mit Retsina, Ouzo und Mesédes finanzieren kann.

Platanen
Πλατανια

An einem der mit der Hand gehauenen, steinernen, alten Brunnentröge, die von den Quellen der nach Süden ansteigenden kleinen, mit Pinien und Ölbäumen bewachsenen Hügelkette des Valanideli gespeist werden, mache ich kurz unter einer der großen, knorrigen Platanen Rast und erfrische mich am klaren Quellwasser, dessen auffrischende Wirkung ich auch meinen wunden Füßen zugute kommen lasse.

Langsam und zögernd nähern sich aus einer vielhundertköpfigen Herde ein paar Ziegen, die mich als unbekannten und respektlosen Eindringling abwartend und ängstlich anschauen, Schnauze und Barthaare im Wasser, die Augen jedoch immer auf mich gerichtet, das ständig in den Trog laufende Wasser aufsaugend.
Es scheinen jedoch auch diejenigen Palikaren dabei zu sein, die mich deshalb zu erkennen scheinen, weil ich ihnen Wegerecht in meinem Olivenhain in Ligia eingeräumt habe, indem ich von einer Einzäunung des Hains absah.

Das ständig aus dem Brunnen überlaufende Wasser rinnt über die matschige, morastige und bemooste Erde, bildet grünschwarze Pfützen, über denen kleine Mückenschwärme nervös tanzen, verbindet sich dann mit dem nach Limenaria fließenden Bach und gibt dem von kräftigen Farnen und Moosen besetzten sichtbaren Wurzelwerk den Saft, den eine stämmige alte Platane braucht, um das weit ausladende hell begrünte Astwerk so zu versorgen, dass es auch in Zeiten der größten Trockenheit und Hitze, auch dann vollgezogen in das ausreichend gesammelte Grund- und Schichtenwasser, kühlenden Schatten spenden kann.

Diese mächtigen Platanen, sie erinnern mich an die im Schatten ihrer Laubkronen vollzogene göttliche Hochzeit von Zeus und

Europa. Die Platanen sollten daraufhin keine Blätter mehr verlieren.
Es scheint sie jedoch nur auf Kreta zu geben, diese immergrünen Bäume, die Zeugen der Geburt des minoischen Reiches sind.

Plinius beschrieb, dass, als der Baum in Sizilien angesiedelt wurde, er so angesehen war, dass man ihn mit Wein begoss, und man für seinen Schatten eine Abgabe zahlen musste.

Sie können sehr alt werden, die Platanen. Auf der Insel Kos wird eine Platane gezeigt, unter der Ippokratis gelehrt haben soll, und Pausánias erwähnt eine große Platane im arkadischen Orchómenos, die die Hände Menélaos in die Erde gesetzt haben sollen. Diese Platane müsste demnach zu Pausánia Lebzeiten circa 1300 Jahre alt gewesen sein.

Durch das Blattwerk der Platane, unter der ich nun sitze, brechen blendende Lichtpunkte tausendfach die Schatten.
Der unbeschreibliche faszinierende, blaue, ägäische Himmel sendet dieses Licht. Ein ganz besonderes Licht, griechisches Licht, das Poeten und Maler seit Epochen bis heute leidenschaftlich beschreiben, taucht es doch Szenen, die Bühnenbilder der Natur in Farben unvorstellbarer Intensität.
Dieses Licht, das durch das vom sanften Wind verursachte Blattspiel den Boden unter den Platanen den Bildern eines sich schnell drehenden Kaleidoskops gleich in ein bewegtes Farbspiel taucht, eine Lichtorgel der Natur.

Es lässt diesen Naturteppich funkeln und vermittelt eine Stimmung, als wenn alles um einen selbst herum, sich in schnellem Rhythmus im Winde wiegend, tanzend kreiste.

Die Baumkronen berühren mich wie in einem lichtdurchfluteten Domus Dei zu einem überdeckten Kreuzgang.

Es sei mir – dessen Glaubwürdigkeit durch manchen spontan entfesselten Enthusiasmus und aufgrund der Ermangelung des richtigen Wortes an der notwendigen Stelle bei der Beschreibung von Phänomenen nicht immer unumstritten ist – erlaubt, bei dieser Gelegenheit jene zu zitieren, deren große Auflagen ihres geschriebenen Wortes der Beweis für ihre Wahrheitstreue zu sein scheinen.
Aufgrund mangelnder Unvoreingenommenheit und des oft ins Mythische Abgleitenden sollte man hier nicht Homer zu Worte kommen lassen.
Die Klarheit des Wortes, das der Klarheit des griechischen Lichts entspräche, findet eher ihren adäquaten Anspruch in den Worten des deutschen Dichters Hugo v. Hofmannsthal, der nach einer Krise, in der er an der Aussage der Sprache zweifelte, über das griechische Licht dann aber treffend schrieb:

> „Es ist unsäglich scharf und unsäglich mild zugleich.
> Es bringt die feinsten Einzelheiten mit einer Deutlichkeit hervor, die das Herz höher schlagen lässt.
> Es ist mit nichts zu vergleichen als mit dem Geist."

Erhart Kästner, der Griechenland und seine Menschen liebte und das Erlebte in einer Vielzahl seiner Werke so behutsam und sensibel beschrieb, dass es immer in der Vision eines lebendigen Bildes aufzugehen schien, erzählt in seinem Buch „Ölberge, Weinberge" in einer Art, die zu verstehen gibt, dass dieses Licht nicht nur durch sein Auge ging:

> „ es ist eine Flut, die den ganzen Körper durchrinnt.
> Es ist ein elektrischer Strom, es steigert, es reizt, es hebt Schwere auf und trägt.
> Darum ist es gut auf den Berg zu steigen; im Steigen ist man umspült von den Kaskaden des Lichts, die bessern und reinigen.
> Die Helle schenkt einen Rausch, der aber ein Rausch voller Klarheit ist, voller Gesundheit auf wirklicher Erde«

Pános Fotiadis
Πανος Φωτιαδις

Überraschend kündigt sich Besuch an. Am Hang an der großen Pinie bemerke ich Panos Fotiadis, einen Nachbarn aus Kalyvia, der sich, mit ernster Miene und sich ständig langsam umschauend, meiner Kalyva nähert.
Ich rufe ihm ein Poly Kalimera zu. Meine Einladung zu einem kühlen Glas Wasser aus dem Brunnen von Paliambéla oder einem Kafedáki lehnt er, den Kopf kurz in den Nacken werfend, zunächst ab. Ständig sich drehend und umschauend murmelt er einige Worte, aus denen ich entnehmen kann, dass ihm einige Ziegen abhanden gekommen sind, die sich von der Herde entfernt haben.
Warum sollte er auch zugeben, dass es ihm nicht wirklich um die Ziegen geht, denn jeden Tag suchen einige Tiere das Weite. Er hörte wohl aus der Ferne, dass ich einige neue hölzerne Zaunpalukia einschlug, vermutete also meine Anwesenheit im Olivenhain und machte sich auf den Weg zu einer Paréa, zu einem Schwatz.
Nach einem kurzen Rundblick in die nahe Umgebung und so tuend, als wenn er nun die verlorenen Tiere gesichtet und ihren Standort im Macchiadickicht ausgemacht hätte, ruft er mir dann doch mit einem entspannten freudigen Gesicht zu:
» Ä, Petro, ti na kanoume, as pioume enen Kaffee «
»Ä, was sollen wir machen, Petros, lass uns einen Kaffee trinken.«
Diese Zusammenkünfte sind für mich glückliche Momente. Das zunächst scheinbar belanglose Geschwätz entwickelt sich immer zu einem interessanten Dialog, dann, wenn es um die Ölbäume geht, um den Boden, um das Randisma, den Pflanzenschutz, das Potisma, das Bewässern, um das Wetter oder um das Geschehen im Dorf. Es geht um die Familie, die Ziegen und Schafe und nicht zuletzt um die aktuelle Politik in Griechenland.

Wer klug ist, würde den wahren Wert jeder Sache daran messen, wie weit sie für sein Leben nützlich und verwertbar ist, schreibt der französische Philosoph Michel de Montaigne in einem seiner Essays.
Ach, wenn ich an Pános und Montaigne denke, werde ich daran erinnert, dass ich schon viel früher hätte erkennen müssen, wie unvernünftig ich mich mit Unnützem in meinem vergangenen Leben herumgeplagt habe, an dem ich – verletzt an Leib und Seele – doch ein wenig Schaden nahm.
Wenn Panos, der nur vier Jahre eine Schule besuchen konnte, mir mit einfachen Worten zu verstehen gibt, dass doch das Leben im eigenen kleinen Kosmos des Dorfes die beste Schule und ohnehin ausschließlich die Praxis immer der Theorie vorzuziehen sei, so ist das doch auch – so meine ich – lediglich Sokrates´ Erkenntnis, das Studieren nur auf das zu beschränken, was wirklich, auch im eigenen Umfeld, notwendig ist.
» *Wage es nur, vernünftig zu sein. Fang nur damit an. Wer die Stunde hinausschiebt, in der er mit dem vernünftigen Leben anfängt, der gleicht den Toren, die warten, bis der Fluß abgelaufen ist. Aber er strömt weiter und wird in alle Ewigkeit weiterströmen* «

Die Gespräche mit Pános sensibilisieren mich und wühlen mich auf, wenn er als einfacher Ziegenhirt versucht, mir das Leben zu erklären, in dem ich mich bequem, in Zeiten eines jahrzehntelangen Friedens, in Europa einrichten konnte.

Pános hatte gelitten, in den vierziger Jahren als ein Kämpfer für die Elas, die Widerstandsbewegung gegen die korrupte Monarchie. Er wurde gefoltert und gedemütigt. Er wurde dann unter dem Obristenregime auf der Insel Makronissos gequält, auf der Insel, auf der auch Jannis Ritsos und Mikis Theodorákis – nachdem er im August 1967 verhaftet wurde -, einsaßen.
Eine mörderische Gefängnisinsel, im Sommer glühend heiß, im Winter eiskalt und sturmumtost.

Jannis Ritsos schrieb nach den Jahren der Qual:
»*Diese Landschaft ist hart wie das Schweigen.*
Sie presst die Zähne zusammen.
Es gibt kein Wasser, nur Licht.
Der Weg verliert sich im Licht
und der Schatten der Mauer ist aus Eisen«

Dann, von 1968 bis 1970, wurde Pános noch auf die Insel Gyáros verbannt. Ein baumloser und von Ratten bewohnter Felsen, nordwestlich der Kykladeninsel Syros gelegen. Auch dort saß Jannis Ritsos ein.

Nur selten spricht Pános Fotiadis von seinen Leiden in den Jahren des Bürgerkriegs und unter dem von den Amerikanern unterstützten Obristenregime der Generäle Papadopoulos, Patakós, Makaréssos und dem Folterknecht Joakimidis, und auch nur ganz selten gibt er sich als praktizierender Kommunist zu erkennen, dann, wenn er die Bemerkung fallen lässt, das ein Land ohne organisierte Linke keine Zukunft hat. Wer solle für Würde und Gerechtigkeit eintreten, für Respekt und Solidarität mit den kleinen Leuten. Die Rechte kenne nur ein Engagement, und das sei der Profit. Im Terror des Konsumrausches werde die Natur mit Füßen getreten und die Kultur stranguliert, die Seelen zerstört.
Nun, darüber mag man nun denken, wie man will. Ich jedoch spüre, dass kurz vor den Gemeindewahlen 1998 bei dem Alten nochmals Kampfesstimmung aufblitzt, ist er doch neben dem nun in ärmlichen Verhältnissen in Marićs lebenden Pantelis Kerkinis, der damals den Kampfnamen » Kapetan Strimónas « trug, einer der letzten Andartes auf Thasos, Zeitzeugen einer bald vergessenen Epoche.

Nach den Wahlen wird es sicher große Veränderungen geben, haben sich doch viele seiner ehemaligen Kampfgefährten in einer neuen linken Bewegung neu eingerichtet, die sich Synaspismós, also Block oder Koalition, nennt.

Ta Panta rhei, alles fließt, alles ist in Bewegung, sagt Heraklit.

Der Ölbaum jedoch steht wie seit tausend Jahren unbeweglich an gleicher Stelle, wie unsterblich.
Nur seine Schatten kreisen, wie das Leben um ihn herum, und in seinem Schatten wird vielleicht wieder Pános kreisen, seine Ziegen suchend.

Nachwort

Beenden möchte ich meine Geschichten aus Limenaria mit der für mich schönsten Liebeserklärung an den Ölbaum, die in der Vision eines Bildes aufzugehen scheint.

Erhart Kästner macht sie in seinem 1953 erschienenen Buch „Ölberge, Weinberge" in seiner Aufzeichnung »Ölbaum, die Dichter haben ihn immer geliebt«, die ich hier auszugsweise wiedergeben möchte.

» Nur drei Dinge könnte ich nennen, die ich in diesem Land in gleichem Maße liebe: den Ölbaum, die Granatapfelblüte und die Zikaden. Es hat sich in mir die Überzeugung gefestigt, dass man nur dort wirklich lebt, wo Zikadengeschrill die Mittage füllt und wo Ölbäume stehen. Der Ölbaum ist der Baum aller Bäume, ich liebe ihn. Er hat den Segen, die Stille. Als er sich ausbildete, hat er offenbar überhaupt nicht an sich, nur an die Menschen gedacht. Reine Sorge: Öl gegen den Hunger, Öl für den Körper, die Haut und die Haare, öl für die Lampe als Licht, Öl als Träger von Duft, der Ölzweig als Friedenszeichen und Siegerpreis. Einen Ölzweig hing der Vater vor die Türe, wenn ihm ein Sohn geboren war. Es ist das Altwerdenkönnen. Denn er beginnt erst mit fünfzig, sechzig und siebzig Jahren etwas zu taugen und in einem Uralter von mehreren hundert Jahren trägt er auch noch. Er soll mehr als tausend Jahre alt werden. Er ist die Bild gewordene Geduld und die Bild gewordene Zeit. Es ist wie ein Wunder, dass er gerade aus dem allertrockensten kalkigen Boden seinen Saft presst, wie im Schraubendruck einer Kelter. Den fetten und tief gelockerten Boden mag er nicht. Wie bescheiden er ist, sieht man an seiner Blüte. Das ist nicht wie bei Getreide und Wein, die sich mit Blütenpracht auch nicht abgeben. Er macht nur ganz zaghafte Perlchen. Sie sind hinterm Silbergraugrün der gefiederten Blätter verborgen und

duften fast nicht, nur ein bisschen nach Jugend. Es gibt natürlich ebenso schöne Ölbäume in Italien und in der Provence, aber nur in Griechenland zeigt der Ölbaum sein Durchscheinendes an. Kann man Platon lesen, ohne den Ölwald silbern schimmern zu sehen, der sich den Kephisós entlang über die Akademía hinzog, und sein Geflüster hören? Denn das ist es doch: Die Dichter haben ihn immer geliebt. Das hat sich natürlich auf seine Blätter und Zweige niedergeschlagen wie Tau, der nun abträuft. Sichtbar, unsichtbar nur für die Blinden. ....«

Aufgeschrieben in Limenaria in der Zeit von 1998 bis 2008

Auf dem Heimweg

Bienenkästen in Skepasto

Der Fischer Giorgos

Der Friseur Kostas Papadopoulos

Der Musiklehrer und Komponist Angelos Zogarianos

Der Friseursalon Theodoro Loukoumis

Der Sänger Theodoro aus Kalirachi

Der Schäfer Panagiotis Kidonis

Der Schneider Christos Angelidis

Die Familie Tsinis, Nachbarn im Ölhain von Ligia

Die Kirche Agios Giorgios in Kalyvia

Hafen von Limenaria

Die Volkssängerin Evangelio Kidoni macht Loukoumades für das Fest Ai Augustos

Ernte mit der Hand

Handverlesen der Oliven

Im Olivenhain von Ligia

Pantopoleion der Popi Loukoumis

Bei Marika brodelt der Ouzo

Pater Evdokimos und Stelios Stratigendas bei der Vorbereitung der Liturgie

Nach dem Baumschnitt

In der Kalyva von Tripiti

Jannis Vergos

O Giorgos